Wandern

in der

Sächsischen Schweiz

Han

DUMONT aktiv

Inhalt

Bitte schreiben Sie uns, wenn sich etwas geändert hat!
Alle in diesem Buch enthaltenen Angaben wurden vom Autor nach bestem Wissen erstellt und von ihm und dem Verlag mit größtmöglicher Sorgfalt überprüft. Gleichwohl sind – wie wir im Sinne des Produkthaftungsrechts betonen müssen – inhaltliche Fehler nicht vollständig auszuschließen. Daher erfolgen die Angaben ohne jegliche Verpflichtung oder Garantie des Verlages oder des Autors. Beide übernehmen keinerlei Verantwortung und Haftung für etwaige inhaltliche Unstimmigkeiten. Wir bitten dafür um Verständnis und werden Korrekturhinweise gerne aufgreifen:

DuMont Reiseverlag, Postfach 10 10 45, 50450 Köln
E-Mail: info@dumontreise.de

Wandern in der Sächsischen Schweiz

Wandersaison

Die beste Wanderzeit für die Sächsische Schweiz sind die Monate von Mai bis Oktober, doch sind auch im Winterhalbjahr Ausflüge möglich, wenn man bei Nässe, Eis und Schnee Touren mit Auf- und Abstiegen in Felsmassiven meidet.

Anspruch

In der Rubrik ›Die Wanderung in Kürze‹ wird jeweils darauf hingewiesen, ob es sich bei der Wanderung um eine einfache (+), eine mittelschwere (++) oder eine anspruchsvolle (+++) Tour handelt.

Gehzeiten

Alle in diesem Wanderführer angegebenen Zeiten sind reine Gehzeiten. Pausen für Rast, längeres Verweilen an fesselnden Aussichtspunkten, Fotografieren, Abstecher, Unterstellen bei Regen oder Gaststättenaufenthalte sind zu diesen Gehzeiten hinzuzurechnen. Erfahrungsgemäß sollte man bei der Planung der Tour ein Fünftel bis ein Viertel über die angegebene Gehzeit hinaus veranschlagen.

Ausrüstung

Die Sächsische Schweiz ist ein Mittelgebirge, das an die Ausrüstung keine besonderen Ansprüche stellt. In den Felsen sind leichte Wanderstiefel zu empfehlen. Regen- und Sonnenschutz sollte man immer dabeihaben. Da eine Reihe von Wanderwegen an der deutsch-tschechischen EU-Außengrenze verlaufen, ist stets der Personalausweis mitzunehmen.

Wanderkarten

Für die Sächsische Schweiz gibt es verschiedene brauchbare Wanderkarten in den Maßstäben 1:30000, 1:40000 und 1:50000. Für die einzelnen Touren werden größere Maßstäbe mit detaillierteren Informationen empfohlen, die von zwei Verlagen im Handel angeboten werden: **Sächsisches Landesvermessungsamt Dresden,** Topographische Karte im Maßstab 1:25000 mit Wander- und Radwegen (in den Hinweisen zu den Touren abgekürzt: LVermA, TK 25, Nr. 45). Für unser Wandergebiet kommen drei Blätter in Frage: Nr. 43, Sächsische Schweiz, Pirna; Nr. 44, Bergießhübel, Bad Gottleuba, Bielatal; Nr. 45, Sächsische Schweiz, Bad Schandau, Sebnitz. **Rolf Böhm,** Kartographischer Verlag, Wanderkarten der Sächsischen Schweiz im Maßstab 1:10000 mit Wanderwegen, Waldwegen und Pfaden, Benennung der Klettergipfel und farbplastischer Darstellung der Felsmassive (in den Hinweisen zu den Touren abgekürzt: R. Böhm, WK 10)

Notruf

Polizei: 110
Rettungswesen und Feuerwehr: 112
Schnelle medizinische Hilfe: 03501/447944
Bundesgrenzschutz: 01805/319320

Mit Bus und Bahn

Für alle Ausgangs- und Endpunkte im Elbtal ist die S-Bahn (S 1) Meißen–Dresden–Pirna–Bad Schandau–Schöna ideal, die ganzjährig im Halbstundentakt verkehrt. In größeren Abständen und auf einzelnen Streckenabschnitten verkehren im Sommerhalbjahr Ausflugsschiffe auf der Elbe, die gelegentlich genutzt werden können. Bei den Einzelrouten werden sie nicht erwähnt. Von Bad Schandau bis zum Lichtenhainer Wasserfall fährt die elektrische Kirnitzschtalbahn, im Sebnitztal zwischen Bad Schandau und Sebnitz die Regionalbahn. Hinzu kommen Buslinien, die bei den einzelnen Routen genannt werden.

SYMBOLE IN DEN KARTEN

Gasthaus, Berghütte	Wegkreuz
Schutzhütte, Unterstand	Rastplatz
Kirche	Höhle
Burg, Schloss	Wasserfall
Burgruine	Quelle
Aussichtsturm	Hervorragender Nadelbaum
Archäologische Stätte	Hervorragender Laubbaum
Denkmal, Monument	Schiffsanlegestelle
Bergwerk (in Betrieb)	Schwimmbad
Mühle	Sendemast

Der Elbsandstein

Wer das erste Mal die Sächsische Schweiz besucht, wird sich staunend fragen, wie die Natur hier eine solche Vielfalt von Oberflächenformen hervorbringen konnte. Die Antwort gibt ihre Erdgeschichte: Vor 140 Mio. Jahren brach ein Binnenmeer in die sich hier absenkende Ebene ein. Urströme spülten vom Festland Sande, Stürme bliesen Feinmaterial ein. Eine 400 bis 600 m hohe Sandschicht versteinerte in Jahrmillionen. Und da es Perioden gab, in denen sich dünne, wasserundurchlässige Tonschichten über die Sande legten, ist der Sandstein in bis zu zehn horizontale Schichten gegliedert.

Vor 100 Mio. Jahren hob sich das Grundgebirge wieder. Der Sandsteinblock wurde zum Festland. Später schob es an seinem Nordost-Rand eine gewaltige Granitscholle empor und an der Risslinie über die Sandsteinplatte hinweg. Unvorstellbare Kräfte haben dabei den horizontal geschichteten Sandstein vom Grund bis an die Oberfläche in senkrechte Spalten zerrissen, in Felsquader zerbrochen.

Im Erdzeitalter Tertiär, das vor 35 Mio. Jahren begann, schob sich das Erzgebirge um 1000 m empor und stellte dabei den Sandsteinsockel der Sächsischen Schweiz schräg. Die Urelbe und ihre Zuflüsse tosten jetzt mit größerem Gefälle darüber hinweg, tieften sich ein, wuschen Durchbruchtäler und breite Schluchten aus. Dort, wo der Sandstein weniger fest war, wurde er weggerissen, während daneben harte Felsmassive stehen blieben. Die Ausräumungszerstörungen wirkten nicht nur in die Tiefe, sie fanden durch Flussbettverlagerungen auch auf breiter Fläche statt, wobei sich Flussschotter auf dem Sandstein ablagern, Eintiefungen wieder verfüllen und Ebenen bilden konnten. Im Tertiär hat zudem aufsteigender glutflüssiger Basalt den Sandstein punktuell aufgeschmolzen, durchbrochen und erstarrend Vulkankegel über dem Sandstein aufgetürmt.

Schließlich waren es die Eiszeitperioden vor ca. 500 000 Jahren, in denen Gletscher und Fluten von Schmelzwässern den Sandstein weiter zerstörten und Grundmoränen hinterließen.

Zur Kraft des fließenden trat durch die Jahrmillionen und bis heute die chemische Reaktion des durch den porösen Sandstein sickernden Wassers. Der Regen durchdringt ihn, reichert sich mit Säuren, Laugen, Salzen im Stein an. Treffen diese Lösungen auf eine der undurchlässigen Tonschichten, fließen sie seitlich ab und treten an einer senkrechten Wand zutage. Hier verdunsten sie. Der einsetzende Kristallisationsprozess sprengt den Körnerverband. Sand rieselt herab. Frost und Wind kommen hinzu. Es entstehen »fressende Wunden«, waagerechte Hangfugen, Schichthöhlen und Überhänge. Wenn eine solche fortschreitende Unterhöhlung einen senkrechten Spalt erreicht, stürzen Felsquader und ganze Wände herab. An der neuen senkrechten Felswand setzt sich die chemische Erosion fort. Türme, Säulen und Grate, die dank ihrer Härte der Zerstörung trotzen, bleiben vor den Wänden stehen.

Wie ein unerschöpflicher Bildhauer hat die chemische Verwitterung an den Wänden auch Waben,

Markante Felsmonumente: Bastei und Vordere Schrammsteine (links)

Gitter, Röhren, »Sanduhren«, Krusten, Rippen, Schwarten, Wülste und Bänder geschaffen, auf den Plateaus Vertiefungen, vom Volksmund »Rabenbäder« und »Opferkessel« genannt.

Kontinentale Senkungen und Hebungen von Erdschollen, Vulkane, subtropische Warm- und nordische Eiszeiten haben zusammen mit den ständig ablaufenden Erosoinsprozessen in 100 Mio. Jahren das Relief der Sächsischen Schweiz geformt. Im Wasser entstanden und vom Wasser zerstört, sind die Ruinen des Sandsteins seine größte Attraktion.

Umkämpftes und befriedetes Grenzland

Das von Urwald überzogene Gebirge war für Menschen vorgeschichtlicher Zeiten siedlungsfeindlich. Es war lediglich ein Durchgangsgebiet. Der älteste sichtbare Eingriff in die Natur ist der Ringwall am Pfaffenstein (Tour 28), den Bronzezeitmenschen vor 3000 Jahren errichteten. Ab dem 6. Jh. lebten slawische Stämme vor dem Gebirge, das Elbsandsteingebirge selbst haben sie vermutlich nur durchstreift. Es wurde Grenzland zwischen den nur dünn besiedelten Gauen um Dresden, Bautzen und südlich von Tetschen. Auf der Elbe wurden nachweislich schon im 10. Jh. Zölle erhoben. Bis zum 12. Jh. hatten sich auch Jäger, Fischer, Imker und Sammler am Elbstrom um Schandau niedergelassen. Sie gaben ihren Wohnsitzen, Gewässern, Bergen und Gründen z. T. bis jetzt gebräuchliche Namen, deren slawische Wurzeln wir noch heute erkennen: Sebnitz, Biela, Kirnitzsch, Zschand.

Im Zuge der mittelalterlichen Expansion nach Osten kamen Scharen deutscher Siedler aus dem Westen des Altreiches in die von Slawen nur dünn besiedelten Territorien, seit 1200 auch in das damals gänzlich zu Böhmen gehörende Elbsandsteingebirge. Sie schufen durch schwere Rodungsarbeit die bäuerliche Kulturlandschaft, bauten in den Talmulden der Flüsse und Bäche die langen, planmäßig angelegten Straßen- und Waldhufendörfer, die man noch heute sehen kann (z. B. Pfaffendorf, Abb. S. 12) und benannten sie oft nach ihren Siedlungsführern, die auf doppelt zugeteilter Hufenfläche privilegierte Erblehnrichter der Dorfgenossenschaften wurden.

Auf Bergen und Steinen lagen Burgen ritterlicher Vasallen der böhmischen Könige. Als im 15. Jh. Böhmens Macht verfiel, die Lehnsleute auf den Burgen zu Raubrittern verkamen und zur Landplage wurden, gingen die Markgrafen von Meißen, später als Herzöge und Kurfürsten von Sachsen aus dem Hause Wettin, gegen sie mit Waffengewalt vor. Seit 1405 eroberten sie von Dohna und dem Königstein (s. Abb. S. 10) aus das ganze Gebiet, indem sie das einst mächtige Geschlecht der Berken von der Duba und andere Raubritter von den Burgen Rathen, Hohnstein, Wildenstein, Arnstein und Winterstein vertrieben. 1459 wurde durch den Vertrag von Eger zwischen Böhmen und Sachsen eine Grenze festgeschrieben, die bis heute existiert. Sie trennte nun die deutschstämmigen Nachkommen der Siedler politisch. Die wenigen Slawen waren in das Siedlungswerk einbezogen und assimiliert worden.

Durch den Sieg der Reformation in Sachsen 1539 wurden die Menschen in der Sächsischen Schweiz protestantisch, während in Böhmen der Katholizismus seine Macht festigen konnte, wodurch die staatliche nun auch eine religiöse Grenze geworden war. Viele böhmische Familien flohen ihres Glaubens wegen im Gefolge des Dreißigjährigen Krieges im 17. Jh. vor allem auch nach Sachsen.

Nach 1870 war die Grenze ein Teil der Staatsgrenze zwischen dem Deutschen Reich und Österreich-Ungarn, ab 1919 zur Tschechoslowakei. Die faschistische Annexion des Sudetenlandes 1938 hat sie aufgehoben. 1945 wurde sie gemäß dem Verlauf von 1459 wiederhergestellt. Dabei wurde die seit dem 13. Jh. angestammte sudetendeutsche Bevölkerung aus ihrer böhmischen Heimat ins geteilte Deutschland vertrieben. Die Böhmische Schweiz war binnen Wochen entvölkert, ihre mehr als siebenhundertjährige deutsche Kultur untergegangen. Nur langsam begannen Tschechen, Slowaken, Sinti und Roma in leere Wohnungen, Höfe und Orte einzuziehen. Seit 1990 ist sie nun die Grenze zwischen dem Freistaat Sachsen im wiedervereinigten Deutschland und der Tschechischen Republik und damit auch ein Stück EU-Außengrenze. Sie verläuft durch die schönsten Fels- und Waldgebiete der Sächsisch-Böhmischen Schweiz, durch die auf beiden Seiten inzwischen eingerichteten Nationalpark- und Landschaftsschutzgebiete. Unsere Wanderungen werden auf einsamen Pfaden wiederholt an ihr entlangziehen.

Wie Sachsen seine Schweiz bekam

Vor 250 Jahren wurde die Region entlang der Elbe zwischen Pirna, Böhmischem Mittelgebirge, Erzgebirge und Lausitzer Bergland als Inbegriff eines romantischen Reiselandes entdeckt. Doch noch fehlte ein einheitlicher Name für diese Landschaft. Nur einzelne Herrschaften oder Ämter waren bisher benannt, man schrieb vom Böhmerwald, von den Heiden über Schandau oder dem Meißner Hochland.

1766 kamen zwei Schweizer Künstler als Lehrer an die Kunstakademie Dresden, der Landschaftsmaler Adrian Zingg und der Porträtist Anton Graff. Zingg zog oft allein oder mit Schülern und Freunden, auch eidgenössischen, in das ›pittoreske‹ Gebirge, durch dessen attraktivste Partien ein ›Malerweg‹ führte. Das liebliche und harmonische Bild einer klassisch wohlgeordneten Gebirgsgegend zwischen Natur und ländlicher Kultur ist ihnen zutiefst vertraut geworden. Die Vielfalt der Formen, die raue Wildheit der hohen Felsmassive über den Ebenen mit ihren senkrechten Wänden, die engen tiefen Schluchten und großen dunklen Wälder in Nachbarschaft anheimelnder Dörfer mit Fachwerkhäusern mag die Schweizer oft an ihre ferne Heimat erinnert haben. Sie waren wohl die

ersten, die sie nun ihre »sächsische Schweiz« nannten.

Nostalgie schuf den Namen und Nostalgie umwittert ihn noch heute, freilich längst gelöst vom Alpenland und allein dem sächsischen Heimatgefühl verpflichtet. 1783 erstmals schriftlich belegt, verbreitete er sich durch Reisebeschreibungen, Wanderführer, Kunstblätter und Karten schnell. Vergebens wiesen ihn Kritiker als ›fremdländisch‹ und ›unsachlich‹ zurück und stellten ihm den Namen »Elbsandsteingebirge« als Alternative entgegen. Die beiden Namen bezeichnen jedoch nicht deckungsgleiche Gebiete: Während das geologisch abgegrenzte Elbsandsteingebirge sich über Sachsen hinaus nach Böhmen hineinzieht, umfasst die Sächsische Schweiz auch andere geologische Formationen und subsumiert landeskulturgeschichtliche Inhalte, die ein geologischer Terminus nicht fassen kann. Der Südteil des Elbsandsteingebirges wird schon seit 1826 Böhmische Schweiz genannt, beide zusammen Sächsisch-Böhmische Schweiz. Das Wort »Schweiz« wurde hier erstmals als Synonym für »schöne Landschaft« verwendet. Inzwischen gibt es viele »Schweizen« in Deutschland, wenn auch keine so bekannt wurde wie die sächsische.

Die Bemühungen eines Jahrhunderts um die Erhaltung seiner natürlichen Gegebenheiten erreichten mit der Proklamierung des »Landschaftsschutzgebietes Sächsische Schweiz« 1956 ihr Ziel. Erstmals wurde damit eine genau abgegrenzte Fläche von 368 km^2 amtlich festgeschrieben. Die politische Wende 1989 brachte die Gefahr mit sich, dass rein profitorientierte Vermarktungsinteressen der Landschaft irreversible Schäden zufügen würden. Um gegenzusteuern, wurde 1990 als letzter Gesetzgebungsakt der untergehenden DDR der »Nationalpark Sächsische Schweiz« mit 93 km^2 in zwei nicht zusammenhängenden Teilen im Landschaftsschutzgebiet errichtet. 1994 hat man das Verwaltungsgebiet des Kreises Pirna mit »Landkreis Sächsische Schweiz« benannt, den Namen nun fälschlich, ja missbräuchlich für eine Fläche von fast 930 km^2 vergeben, in dem auch Teile der Lausitz, des Ost-Erzgebirges, Städte, Gewerbestandorte, reine Agrargebiete, ja selbst Industriemüllbrachen bis an Dresdens Stadtgrenze liegen. Die Touren dieses Wanderführers durchziehen dagegen nur die schönsten Partien im Nationalpark und Landschaftsschutzgebiet Sächsische Schweiz.

Felsenheimat der Wanderer und Bergsteiger

Unterschiedliche geomorphologische Formationen auf engem Raum, die siedlungsfreien und waldbedeckten Flächen des Nationalparks mit seltenen Pflanzen und Tieren im Wechsel mit einer sanft geprägten Kulturlandschaft geben dem Landstrich Wildheit, Erhabenheit und Anmut zugleich. Das tief eingeschnittene, stark geschwungene Elbtal mit seinen Städtchen und Ferienorten, die lichtüberfluteten Ebenen mit Feldern, Wiesen und Wäldern, in die anheimelnde Dörfer eingebettet sind, die schroff abfallenden Felsmassive und Tafelberge mit großartigen Fernsichten übers Land, die stillen Waldtäler und dämmrigen Schluchten bieten abwechslungsreiche, begeisternde Wander- und Kletterfreuden.

Deshalb begann die Sächsische Schweiz vor mehr als 200 Jahren bekannt und berühmt zu werden. Begleitet von den Geistesströmungen der Aufklärung und Romantik brach als neue Epoche das bürgerliche Zeitalter an. Ökonomische, soziale und politisch-revolutionäre Erschütterungen der alten Ordnung irritierten viele Zeitgenossen. Mit der Maxime »Zurück zur Natur« wollte man dem grauen Alltag der Städte und des Berufes wenigstens zeitweise entfliehen. Man suchte ländliche Belassenheit, wollte aber auch in der Sommerfrische auf die Bequemlichkeiten der Zivilisation nicht verzichten. Erst kamen hunderte, dann tausende, schließlich hunderttausende Touristen pro Jahr, was die Landschaft einschneidend veränderte.

Ohne dass die Landwirtschaft verschwand, kam es in den Orten zu einer gewissen Verstädterung durch Hotels, Pensionen, Restaurants, Villen, Kurheime, Bäder und Geschäfte. An Bauernhäuser baute man Veranden, Balkone und Wintergärten an. Aus Handwerkerstädtchen und Bauerndörfern wurden Ferienorte, aus Mühlen in stillen Gründen Gasthäuser, wie sie auch auf Steinen und Bergen entstanden. Ein engmaschiges Netz von Straßen und Wanderwegen, die Regulierung der Elbe für die Dampfschifffahrt und Eisenbahnstrecken mit all ihren Aufbauten veränderten und öffneten das Gebirge. Felsen und Wälder wurden mit Wegweisern, Wegemarkierungen, Rastplätzen, Schutzhütten und Geländern ›möbliert‹. Und dennoch: Die Sächsische Schweiz ist ein überaus beliebtes Wandergebiet des sanften Tourismus mit freundlichen Gastgebern geblieben.

In den Strom der Wanderer reihten sich die Bergsteiger ein. Erstmals in der Geschichte entwickelte sich hier das Felsklettern als reiner Selbstzweck, als 1864 der Falkenstein bestiegen wurde. Ab 1874 wurde daraus eine mit Leidenschaft betriebene Sportdisziplin: Kletterer besetzten mit Mut und Geschick die letzten unberührt gebliebenen Felsareale und machten auch die luftigsten Gipfel den Falken streitig. Die Felskletterei ist zu einem Charakteristikum der Sächsischen Schweiz geworden und hat sie unter den Bergsteigern weltweit berühmt gemacht. Legendäre Kletterer der Vergangenheit und Gegenwart haben hier Beispielhaftes vollbracht und ein klassisches Reglement des Kletterns entwickelt, das besonders naturverbunden, weil naturschonend ist. Hoch ist die Zahl der Aktiven und die ihrer Möglichkeiten. Auf 1099 Klettergipfel führen ca. 12 600 ›Wege‹, sprich Aufstiegsvarianten aller Schwierigkeitsgrade, und manche Wanderer vergessen ihren Weg, wenn sie gebannt den Mutigen zuschauen. Wanderer und Bergsteiger fühlen sich hier zu Hause. Zwischen der Imagination Natur und der Wirklichkeit ländlicher Gegend finden beide Gruppen Erholung und Erfüllung ihres Ichs. (S. 14: Kanzelturm im Bielatal, S. 15: Rast über der Breiten Kluft vor dem Rauschenstein)

Durch den Höllengrund zur Bastei

Von der Stadt Wehlen über die Bastei nach Rathen und an den Weißen Brüchen zurück

Vom Städtchen am Elbstrom mit mittelalterlicher Burgruine steigt man zur Bastei hinauf und steht 193 m senkrecht über der Elbe inmitten wildromantischer Sandsteinfelsen.

DIE WANDERUNG IN KÜRZE

+ Anspruch

4 Std. Gehzeit

12 km Länge

Charakter: Einfach, nur streckenweise steil und über Stufen

Wanderkarten: LVermA, TK 25, Nr. 43; R. Böhm, WK 10, Bastei

Einkehrmöglichkeiten: In Wehlen, am Steinernen Tisch, auf der Bastei und in Rathen

Anfahrt: Mit dem PKW: Pirna–Mockethal–Dorf Wehlen–Stadt Wehlen; Hohnstein–Rathewalde–Lohmen–Dorf Wehlen–Stadt Wehlen; Sebnitz–Bad Schandau–Königstein–Struppen–Naundorf–Wehlen. **Mit der Bahn:** S-Bahn Meißen–Dresden–Stadt Wehlen–Schöna

Die Wanderung beginnt in der **Stadt Wehlen** am Markt. Reist man linkselbisch an, so setzt man von Wehlen-Pötzscha mit der Fähre über und geht zur Kirche am Markt. Neben der Kirche führen eine enge Gasse, dann Stufen hinauf zur Ruine des **Schlossberges,** von dem man eine gute Sicht über das Städtchen hat. Auf der anderen Seite steigt man die Stufen hinab zum Basteiweg vor dem Wehlgrundbach. Wenige Schritte nach rechts führen zu einer Abzweigung. Wir gehen links in den **Wehlener Grund** hinein und wandern dann in ihm rechts bergauf (roter Punkt bis Rathen). Nach 1,2 km kommt man am Friedrich-Märkel-Felsen an ein Wegekreuz.

Die Wanderung führt im rechten Winkel weiter im Wehlener Grund. Nach 300 m endet er am Fels Freundschaftsstein, wo sich zwei neue Gründe treffen. Hier wählt man den Weg geradeaus im **Zscherregrund** hinauf.

An der Weggabelung 600 m oberhalb des Freundschaftssteins ver-

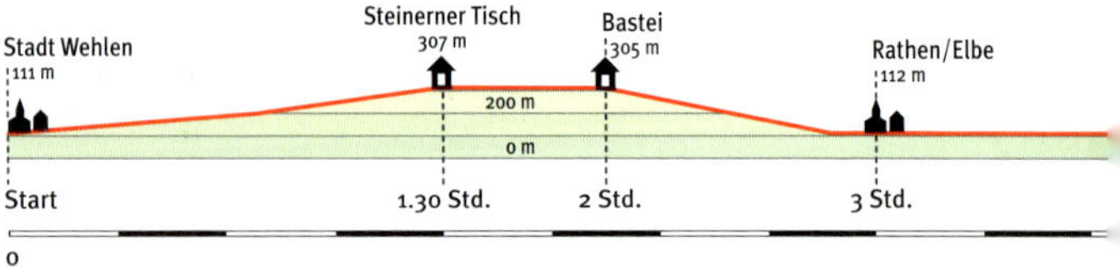

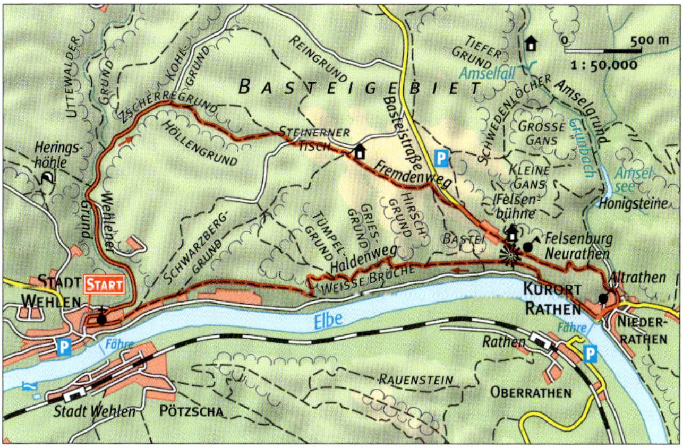

lassen wir die Forststraße und den Zscherregrund und gehen rechts hinauf in den **Höllengrund** zu einer versetzten Wegkreuzung am Steinrückweg mit einer alten Wegsäule. Man wendet sich zunächst nach links, quert nach 40 m den Steinrückweg nach rechts und kommt nach 400 m zum **Steinernen Tisch** von 1710 (1.30 Std.), an dem sich auch die gleichnamige Gaststätte befindet. An ihr geradeaus vorbei gelangt man auf dem **Fremdenweg** über die Basteihochebene auf die Basteistraße. Nach rechts wandert man auf der Straße zum Basteihotel, dann rechts zum Gaststättenkomplex hinauf und unmittelbar an ihm entlang zur **Basteiaussicht** (2 Std.).

Von der Basteiaussicht steigt man rechts die Treppe hinab und erreicht den **Basteiweg.** 30 m darunter biegt man links zum **Ferdinandstein** ab, den man über Stufen erklimmt. Vom Ferdinandstein gehen wir nach links zum Basteiweg zurück und auf die berühmte **Basteibrücke** hinab. Über sie hinweg und durch das Neurathener Felsentor kommt man an den Palisadenzaun, hinter dem die Felsen stehen, die einst die **Burg Neurathen** trugen.

Unterhalb der Palisaden vor der Felsenburg kann man wenige Schritte nach rechts und über Stufen zur Aussicht auf dem Felsen Kanapee gelangen, die der Basteiaussicht ähnelt. Dann geht es über Stufen kurvenreich den Basteiweg hinab nach **Niederrathen.** An der Gaststätte Amselgrundschlösschen muss man rechts hinab und wieder rechts mit dem Grünbach zur **Elbe** (3 Std.). Auf dem Elbuferweg (Wehlener Weg) wandert man rechts 900 m abwärts bis zum letzten Haus Nr. 13. Unmittelbar neben diesem Grundstück steigt man die Stufen zum **Haldenweg** hinauf.

Von hier bis kurz vor Wehlen wurden seit dem 14. Jh. Sandsteinbrüche betrieben. Die unmittelbare Lage an der Elbe ermöglichte den Abtransport auch großer Blöcke per

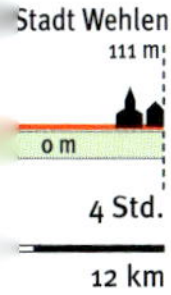

Schiff. Um 1880 nahm der Betrieb sehr stark zu. Dem elbseitigen Basteimassiv drohte der gänzliche Abbau. Immer weiter wichen die Wände zurück, und die Halden mit dem Bruchabfall wurden breiter und öder, da sie völlig kahl waren. 1910 kaufte der ›Verein zum Schutze der Sächsischen Schweiz‹ die Brüche und stellte den Abbau ein. Die Wände, die einst fast 100 m hoch waren und unmittelbar an der Elbe standen, sind an ihren zurückgebauten Bruchflächen heute noch deutlich heller, so dass man von den **Weißen Brüchen** spricht.

Jahrzehnte dauerte das Aufforsten der Haldenödflächen, auf denen heute wieder Mischwald, Sträucher, Farne und Gräser wachsen. Ehemalige Steinbrecherhütten wurden zu Bergsteigerhütten, Herbergen und Wochenendhäusern ausgebaut, die jetzt zum Teil verfallen. Die Weißen Brüche werden durch die kurzen, aber tiefen und steil aufstrebenden Hangtäler der **Stillen Gründe** unterbrochen: Hoffkluns, Hirschgrund, Pferdegrund, Griesgrund, Tümpelgrund und Schwarzberggrund.

Die Wanderung zieht auf dem Haldenweg weiter und steigt nach 3 km im **Schwarzberggrund** auf einem roh sandsteingepflasterten Weg zur Elbe und nach **Wehlen** ab (4 Std.).

Bastei und Felsenburg Neurathen

Seit 200 Jahren gehört die **Bastei** zu den bekanntesten Naturdenkmälern Deutschlands. Ein unverwechselbarer, ebenso großartiger wie romantischer Landschaftsausblick macht die schmale, über dem Abgrund vorgeschobene Felskanzel zur Sensation. Man steht 193 m über dem Elbstrom, der unmittelbar zu Füßen fließt, seit 1849 begleitet von der Eisenbahnstrecke Dresden–Prag.

Der **Ferdinandstein** bietet ebenfalls eine hinreißende Aussicht nach Norden und Osten, die den Ausblick von der Bastei zum Panorama ergänzt. Unter den unmittelbar anstehenden drei Wehltürmen (Kletterfelsen) liegt der Wehlgrund, in dem sich die Felsenbühne Rathen eingenistet hat, links unten die Schlucht Vogeltelle. Von links nach rechts erheben sich senkrecht, stark zerklüftet und vielgestaltig aus den Waldschluchten heraus die Felsmassive Kleine und Große Gans sowie die Honigsteine. Ganz rechts schaut man auf die Felsen der Burg Neurathen.

Die **Basteibrücke** ist 76,5 m lang und überquert die Mardertelle, schafft somit eine Verbindung zwischen der Felsenburg Neurathen und der Bastei in einer Höhe von 165 m über dem Elbspiegel. Hier gab es bereits im Mittelalter eine hölzerne Zugbrücke als oberen Zugang zur Felsenburg. 1826 baute man für den Fremdenverkehr eine hölzerne, 1850/51 die heute noch stehende steinerne Basteibrücke. Mit ihren malerischen Bögen fügt sie sich harmonisch in die großartige, einmalige Felslandschaft ein. Sie ist zu einem Wahrzeichen der Sächsischen Schweiz geworden.

Der Anfang **Rathens** ist sagenumwoben, aber unbekannt. 1261 wurden erstmals ein Theodericus auf Rathen, 1289 eine Steinburg und 1361 zwei Burgen urkundlich genannt. Zu der unteren Burg **Altrathen,** deren Ruinen von einem Gasthaus mit dem Türmchen überbaut sind, war eine hölzerne hoch oben auf dem Felsmassiv in schier uneinnehmbarer Lage hinzugekommen. Auf einer Fläche von 170 m x

Die Basteibrücke

100 m hatte man ca. 25 Gemächer stockwerkartig in den Felsen gehauen bzw. durch Holzaufbauten geschaffen, dazu eine große und tiefe Zisterne. Die natürlichen Felsbastionen waren durch Wehr- und Umgangsanlagen zwischen Mönchstein, Basteifelsen und Ferdinandstein zur Burganlage **Neurathen** zusammengefasst und mit der Burg Altrathen verbunden. Hans von der Oelsnitz, der letzte Ritter auf Rathen, war ein Raubritter. Deshalb wurde er von den Fürsten Ernst und Albrecht von Sachsen zwei Jahre lang bekriegt und belagert. 1469 wurde die Burg in Brand geschossen. 1530 waren beide Rathener Burgen gänzlich verfallen. Reste und rekonstruierte Umgänge über Abgründen kann man besichtigen.

Durch wilde Felsschluchten

Von der Stadt Wehlen durch Teufels-, Uttewalder- und Amselgrund nach Rathen und am Elbstrom zurück

Aus dem lichtüberfluteten Elbtal taucht man in gründämmrige Felsschluchten ein. Sie haben als Wunder der Natur schon vor 200 Jahren Maler, Philosophen, Dichter und Musiker der Romantik begeistert.

DIE WANDERUNG IN KÜRZE

++ Anspruch

4.30 Std. Gehzeit

15 km Länge

Charakter: Mittelschwer; in den Gründen nach Regen stellenweise nasse Wege und Stufen; in der Teufelskammer sehr niedriger Durchgang; steiniger Weg im oberen Amselgrund

Wanderkarten: LVermA, TK 25, Nr. 43; R. Böhm, WK 10, Bastei

Einkehrmöglichkeiten: In Stadt Wehlen, Gasthof Waldidylle im Uttewalder Grund, Imbiss am Amselfall; Restaurants in Rathen

Anfahrt: Mit dem PKW: Pirna–Mockethal–Dorf Wehlen–Stadt Wehlen; Hohnstein–Rathewalde–Lohmen–Dorf Wehlen–Stadt Wehlen; Sebnitz–Bad Schandau–Königstein–Struppen–Naundorf–Wehlen. **Mit der Bahn:** S-Bahn Meißen–Dresden–Stadt Wehlen–Schöna

Die Wanderung beginnt in **Stadt Wehlen** am Markt. Reist man linkselbisch an, so setzt man von Wehlen-Pötzscha mit der Fähre über, geht zur Kirche am Markt hinauf und verlässt diesen an seiner Westseite nach links durch die Fußgängergasse. Über die Brücke quert man den oft trockenen Wehlgrundbach und durchschreitet nach rechts den Torbogen des Alten Rathauses. Etwa 40 m weiter folgen wir links der Gasse Schreiberberg hinauf, die am Museum und Pflanzgarten wieder auf die Lohmener Straße stößt. Dieser folgen wir nach links oben. Nach 70 m zweigt rechts die Buschholzstraße ab. Diese führt uns steil aus dem Städtchen hinaus und zwischen Wiesen zur Anhöhe. Das Stadtgut lassen wir rechts liegen und gehen nach links zum Wald hinauf. Am Rand des Buschholzes beginnt die **Nationalparkzone.** 350 m nach der rechten

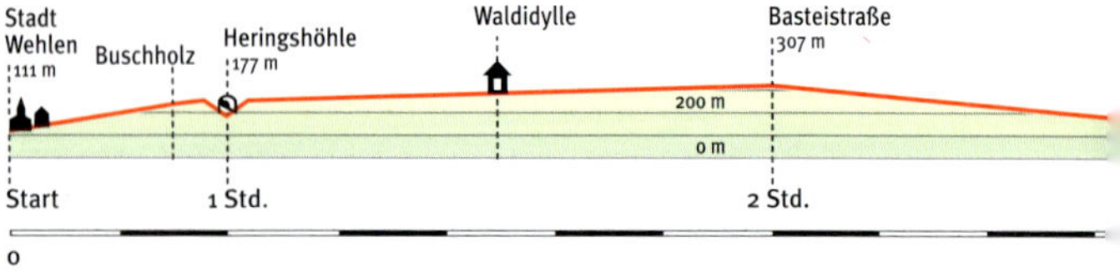

Waldrandecke biegt man von der Buschholzstraße rechts in den Wald ab. An der folgenden Gabelung nach 110 m muss man nach links schwenken (gelber Strich). 200 m danach steigt man rechts am Geländer die Stufen in den **Teufelsgrund** hinein. Nach 300 m Abstieg in der Schlucht öffnet sich rechts eine Querschlucht, die **Teufelskammer** (1 Std.), an der man nicht achtlos vorbeigehen sollte. Durch eine niedrige, enge Einsturzhöhle winden wir uns hindurch, kommen an eiszeitlichen Gletscher- und Strudellöchern im Sandstein vorbei und finden nach 200 m rechts am Hang die kurze, schmale und dunkle **Heringshöhle.** Von ihr geht man in den Teufelsgrund zurück.

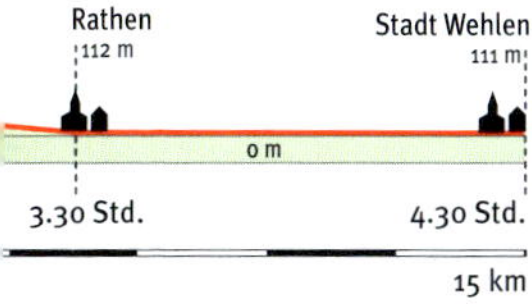

Unterhalb der Öffnung zur Teufelskammer mündet der Teufelsgrund am Friedrich-Märkel-Felsen in den **Wehlener Grund** (1.20 Std.), in dessen oberen Teil wir links hinaufwandern (roter Punkt). Nach 300 m, an der Weggabelung am Freundschaftsstein, wählen wir den linken Weg in den **Uttewalder Grund** (grüner Strich).

Bequem geht es in der wilden Schlucht mit senkrechten Wänden, Klüften und Schichtfugen, an denen die Erosion zerstörend wirkt, mit Türmen, Felshörnern und schon abgestürzten Blöcken weiter. Und alles ist von einer üppigen Vegetation bedeckt. Unter den Wipfeln des nahezu ursprünglichen Mischwaldes mit Bäumen an den unwahrscheinlichsten Felsstellen wächst der in der Sächsischen Schweiz allgegenwärtige Farn in einem halben Dutzend zum Teil seltenen Arten. Der botanisch Kundige wird am Bächlein, das bei Trockenheit freilich schnell versiegt, so interessante

Blick in die Teufelskammer

Pflanzen wie Johanniswedel, Nickwurz, Pestwurz, Mauerlattich, Fuchskreuzkraut, Springkraut, Mondviole finden. Moose überziehen an diesem außergewöhnlichen pflanzengeographischen Standort die Steine und verstärken die gründämmrige Stimmung in den Schluchten. Blau-, Kiesel- und Leuchtalgen gesellen sich hinzu. Flechten bilden Flächenbewuchs an trockenen Felspartien und sind unauffälliger, mit Ausnahme der goldgelb leuchtenden Schwefelflechte.

Vorbei an der Gaststätte Waldidylle kommt man später rechts im Grund bleibend zum **Felsentor,** das durch herabgestürzte Felsblöcke, die sich verklemmten, gebildet wird (1.30 Std.). Nach weiteren 5 Min. tritt man in einen Schluchtkessel ein, in dem Uttewalder Grund und Schleifgrund aneinander stoßen.

Hier verlassen wir den Kessel unmittelbar vor der Brücke über die Stufen nach rechts hinauf (gelber Strich) in Richtung Rathewalde. Auf der bewaldeten Hochfläche zwischen dem Großen und dem Kleinen Sandberg, die sich beide nur flach im Gelände abheben, stößt man auf den Brückwaldweg. Nur 50 m folgen wir diesem nach links, um an der Gabelung nach rechts auf dem Sandweg (auch Bruno-Barthel-Weg genannt) leicht bergan fortzuschreiten. Über die nächste Kreuzung wird geradeaus gegangen.

Nachdem links ein Feld den Blick freigibt, erreicht man Minuten später die **Basteistraße** (2 Std.). Auf ihr geht man ohne Markierung 150 m nach rechts, biegt auf den Feldweg nach links ein und wandert, später auf der Asphaltstraße nach rechts schwenkend, zur Villa Waldhaus hinab. Vor ihrer Gartenhecke geht es nach links bis zur kurzen bewaldeten Schlucht und vor der Brücke kurz und steil in den **Amselgrund** hinein, auf den der Weg unmittelbar unterhalb der letzten Häuser von **Rathewalde** trifft (2.30 Std.)

Im Amselgrund wandern wir 3 km am Grünbach bis Niederrathen und zur Elbe abwärts (blauer Strich). Auch der Amselgrund wurde durch Schmelzwässer der Eiszeit ausgewaschen. Dabei haben sich unterschiedliche Gefällestufen gebildet. Die am **Amselfall,** den wir passieren, ist 10 m hoch. In einer grünen Felsecke rieselt oder rauscht er über die Grotte Amselloch herab, je nach Wasserstand des Grünbaches, der freilich meistens niedrig ist (3 Std.). Nach Einmündung der Schwedenlöcher (s. S. 25 f.) von rechts gehen wir ohne Markierung am Grünbach weiter bergab. Im sich anschließenden ausgeglichenen Talboden wurde 1934 der **Amselsee** angelegt. Wir folgen nun dem grünen Strich, kommen am Eingang zur Felsenbühne in den Wehlgrund vorbei und erreichen **Rathen** (3.30 Std.).

Die Tour wird vom Erbgericht zu Niederrathen aus nach rechts mit einer Wanderung auf dem asphaltierten Elbuferweg oder über den Haldenweg (s. S. 17 f.) ins Städtchen **Wehlen** zurück beendet (4.30 Std.).

Stadt und Schlossruine Wehlen

1242 heiratete Heinrich der Erlauchte, Markgraf von Meißen, Prinzessin Agnes, die Tochter des böhmischen Königs Ottokar II. Letzterer schenkte den Neuvermählten vermutlich die Grenzburg Wehlen, die nun zum Schloss und Ort des Minnesangs ausgebaut wurde. Nach Heinrichs Tod 1288 fiel es an Böhmen zurück und erlebte wechselnde Besitzer, bis Herzog Moritz von Sachsen Schloss und Herrschaft 1543 kaufte. Damals war das Schloss bereits baufällig, stand ab 1547 gänzlich leer und verfiel.

Nur 17 Familien waren 1551 unter der Burg ansässig, weshalb man diese seinerzeit kleinste Stadt Sachsens oft nur Wehlstädtel nannte. Auf der Ebenheit liegt benachbart das alte Dorf Wehlen. Die anmutige Lage am Strom zwischen Felsen und Wald mit mildem Klima, aber auch schattigen Gründen für heiße Sommertage sowie das Fehlen jeglicher Industrie ließen Stadt Wehlen zu einer Perle der Sächsischen Schweiz werden.

Die Schlossruine besteht aus Umfassungsmauern, der runden Bastion ›Trommel‹, Kellergewölben und einem Turmschaft auf dem Plateau, von dem herab sich eine reizende Aussicht auf Stadt und Strom bietet. Der Marktplatz ist von älteren und neueren Häusern gesäumt, worunter Nr. 8 mit Andreaskreuzen im Fachwerk besonders auffällt. Die Kirche von 1882/83 wurde als Ersatz für einen spätgotischen Bau von 1515 errichtet. Das Alte Rathaus von 1747 steht westlich außerhalb des Marktes. Oberhalb, an der Lohmener Straße, findet man das Heimatmuseum und einen Pflanzgarten mit ca. 1000 verschiedenen montanen und alpinen Arten.

Fluchtort Schwedenlöcher

Von Rathen zur Bastei und durch die Schwedenlöcher zum Gamrig
Aussichten von hohen Senkrechtwänden über eine liebliche Landschaft und in zerrissene Felswirrnisse hinab sowie aus enger Schlucht zum Himmel hinauf werden durch abgelegene Waldwege miteinander verbunden.

DIE WANDERUNG IN KÜRZE

++ Anspruch

4.30 Std. Gehzeit

10 km Länge

Charakter: Steile An- und Abstiege mit längeren Stufenfolgen, dazwischen einfache Waldwege

Wanderkarten: LVermA, TK 25, Nr. 43; R. Böhm, WK 10, Bastei

Einkehrmöglichkeiten: In Rathen und auf der Bastei

Anfahrt: Mit dem PKW: Linkselbisch: Pirna–Struppen–Weißig–Oberrathen oder Sebnitz–Bad Schandau–Königstein–Weißig–Oberrathen. Rechtselbisch über Lohmen oder Hohnstein und Waltersdorf, nur bis zum Parkplatz am Gamrig (außer für Übernachtungsgäste). **Mit der Bahn:** S-Bahn Meißen–Dresden–Schöna. **Mit dem Bus:** Linie 237 Pirna–Bastei–Sebnitz (ohne Anschluss nach Rathen)

Die Wanderung beginnt im Kurort **Rathen.** Kommt man vom Bahnhof oder dem Parkplatz des linkselbischen Oberrathen, dann setzt man mit der Fähre nach Niederrathen über, wo auch die Schiffe der Dampfschifffahrtsgesellschaft anlegen.

200 m geht es von der Elbe auf der Straße am Grünbach entlang, dann links an der steinernen Wegsäule und dem ›Sonnigen Eck‹ hinauf. Nur wenige Schritte sind es bis zur Gaststätte Amselgrundschlösschen, vor der wir links in den sandsteingepflasterten **Basteiweg** einbiegen, der sich steil am Hang und durch den Wald emporzieht (blauer Strich). Anheimelnd ist der Blick ins Tal auf den Fachwerkbau der Alten Mühle von 1561. Über dem Grund thront der Talwächter, rechts von ihm stehen die übrigen Feldsteine und über dem Saugrund auf dem bewaldeten Steilhang im Nordosten die Honigsteine. Nach 800 m wendet man sich wenige Schritte nach links

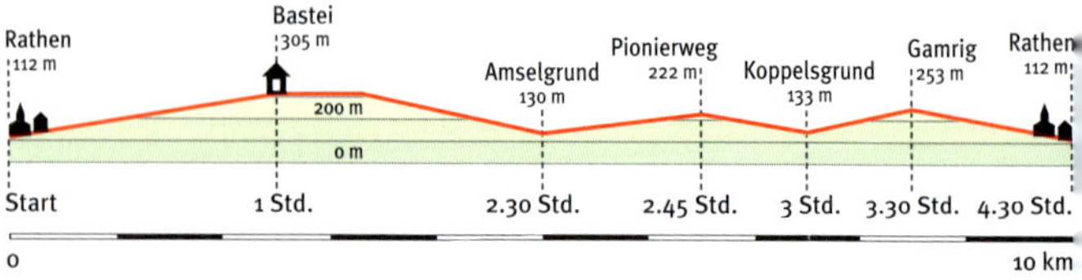

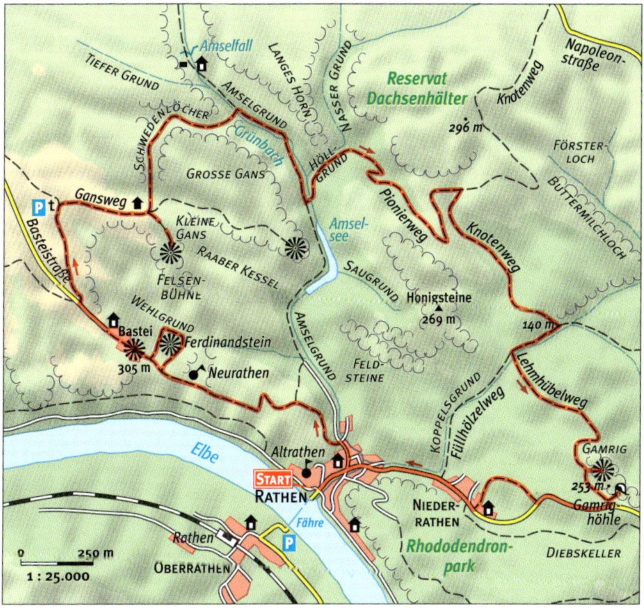

zum Tiedgestein und am Geländer zu seiner Steilwand, wo man erstmals auf das Elbtal hinabblickt.

Über Stufen folgen wir dem Basteiweg durch eine steile enge Felsengasse hinauf und kommen an einen Palisadenzaun. Nach links führen Stufen und Geländer auf die kleine Plattform des Felsens Kanapee, von der wieder der Blick über den Elbstrom schweift. Rechts hinter den Palisaden liegt die **Felsenburg Neurathen** (s. S. 18 f.).

Durch das Neurathener Felsentor betritt man die **Basteibrücke** und geht 100 m oberhalb der Brücke nach rechts zum **Ferdinandstein** hinauf. Beim Abstieg wendet man sich nach rechts zum Basteiweg, steigt noch 50 m an und begibt sich links die Stufen hinauf zur **Basteiaussicht** (1 Std.). Danach durchquert man den Gaststätten- und Hotelkomplex und geht auf der Basteistraße 200 m abwärts. Man verlässt die Straße nach rechts und folgt dem **Gansweg** in den Wald (blauer Strich), hält sich an der Weggabelung nach 300 m wieder rechts und erreicht nach weiteren 400 m einen Rastplatz mit **Schutzhütte** (2 Std.).

Zum **Wehlgrundblick** geht man nach rechts und kommt nach 150 m zum Aussichtspunkt in den Wehlgrund, in dem die Felsenbühne liegt. Vom Rastplatz steigt man die Stufen in die wilde Schlucht der **Schwedenlöcher** hinab (blauer Strich). Ursprünglich Blanker Grund genannt, wurde der neue Name gebräuchlich, nachdem sich die Menschen der Umgebung während des Dreißigjährigen Krieges vor den Schweden hierher geflüchtet und mit Hab und Gut verbarrikadiert hatten. Die Schwedenlöcher sind eine Umkehrung des bisherigen Landschaftserlebnisses: Von den Höhen wechselt man nun in die Tiefe der Klamm, wo der Sandstein von Moosen und Flechten überzogen und wo es kellerartig kühl, feucht und modrig ist. Es ist ein Felslabyrinth mit Engstellen und Weitungen, geschaffen von der enormen Wucht herabtosender eiszeitlicher Schmelzwasser. Sowohl gewaltige Blöcke von Felsstürzen als auch von den Wänden bröckelnder Sand sind Zeugnisse der nachfolgenden und noch fortdauernden Verwitterung. Am Felsmassiv Blankes Horn fällt die Schlucht der Schwedenlöcher steil in den **Amselgrund** zum Grünbach hin ab. Der Höhenunterschied vom Rastplatz am Gansweg bis hierher beträgt 180 m (2.30 Std.).

Die Wanderroute geht im Amselgrund 500 m abwärts und erreicht eine Brücke, wo ein Bächlein aus dem Nassen Grund in den Grünbach mündet und das obere Ende des Amselsees liegt. Hier schwenkt man vor dem Amselsee links über die Brücke im stillen **Höllgrund** hinauf, wobei das Bächlein aus dem Nassen Grund bald nach rechts verlassen wird (grüner Strich). Nach 500 m teilt sich der Weg. Wir folgen rechts dem betonierten **Pionierweg** (2.45 Std.) bergan und um die Honigsteine herum.

In einer Spitzkehre nach links erreicht der Pionierweg das obere Ende des Höllgrundes. Von hier aus folgt man ihm noch 300 m, bis er auf den **Knotenweg** mündet. Diesen gehen wir im spitzen Winkel rechts herab. Einsam, breit und bequem zieht er mit Gefälle östlich unter den Honigsteinen entlang, die nur selten durch die Baumwipfel zu sehen sind. In einer nach rechts beginnenden S-Kurve läuft er durch eine kurze Felsengasse nun steiler zum breiten Füllhölzelweg im **Koppelsgrund** hinab (3 Std.).

Wir wenden uns nun zuerst nach rechts in Richtung Rathen, verlassen den Koppelsgrund jedoch nach 120 m an einem alten Forstgrenzstein und wandern den **Lehmhübelweg** (ohne Markierung) links in den Wald hinauf. Nach 400 m kommt man an eine Kreuzung auf der Höhe. Vorerst rechts, an der nächsten Gabelung geradeaus bergan, geht es auf dem Gamrigweg bis zur Nordecke des Felsens **Gamrig** (3.30 Std.).

Bevor sich der Gamrigweg wieder senkt, führt nach links ein Pfad über Stufen zum 50 m höher gelegenen Gipfelbereich mit schöner Aussicht. An der Fußhalde zieht der Weg abwärts und führt am Südende des Steins auf die Autostraße Waltersdorf–Rathen.

100 m nach links sind es vom Ende des Gamrigweges zur **Gamrighöhle** hinauf, die durch natürliche Auswitterung und künstliche Erweiterung entstand.

Am Schnittpunkt des Gamrigweges und der Straße liegt ein Felsblock. Während der rote Punkt der Straße folgt, gehen wir am Block rechts vor der Straße den Fußsteig steil hinab. Nach wenigen Metern wählt man nicht den Wildpfad in den morastigen Grund, sondern hält sich rechts auf gleicher Höhe, dann allmählich absteigend zum Waldrand hinunter, wo sich der Blick von Süden her auf die Felsen der Feldsteine und Gansmassive öffnet. Wir erreichen nach links hinab **Niederrathen** und folgen dann rechts der Straße bis zur Elbe hinunter (4.30 Std.).

Ersteigung des Liliensteins

Von der Stadt Königstein über den Lilienstein und an der Elbe zurück

Schroff, frei und schön steht der Lilienstein auf der Ebenheit im Bogen der Elbschleife als Nachbar des Königsteins und bietet von seinem Plateau berauschende Fernsichten.

DIE WANDERUNG IN KÜRZE

++ Anspruch

4.30 Std. Gehzeit

12 km Länge

Charakter: Sehr steiler An- und Abstieg am Lilienstein über Stufenanlagen; ansonsten einfach; die letzten 3 km auf asphaltierter Anliegerstraße

Wanderkarten: LVermA, TK 25, Nr. 43; R. Böhm, WK 10, Festung Königstein und Tafelberge

Einkehrmöglichkeiten: In Königstein, Halbestadt, Ebenheit, Berggaststätte Lilienstein, Haus Einsiedler

Anfahrt: Mit dem PKW: B 172 Pirna–Königstein–Bad Schandau. **Mit der Bahn:** S-Bahn Meißen–Dresden–Schöna. **Mit dem Bus:** Linie 240 Pirna–Struppen–Königstein; Linie 241 Pirna–Königstein–Bad Schandau–Hinterhermsdorf; Linie 242 Rosenthal/Schweizermühle–Königstein

Die Wanderung beginnt in der Stadt **Königstein** am Reißigerplatz. Hinter dem Bahnviadukt besteigt man kurz oberhalb der Mündung der Biela in die Elbe die Fähre und lässt sich zum Ortsteil **Halbestadt** übersetzen.

Die Fähranlegestelle verlässt man nach rechts und steigt nach 100 m links die Stufen zwischen den Häusern den Hang hinauf (blauer Strich bis Einsiedler). Unterhalb eines Hauses verzweigt sich der Weg, und wir gehen geradeaus steil hinauf.

An der nächsten Gabelung unterhalb der Mauer und vor dem Erreichen des Ortsteils **Ebenheit** (30 Min.) wählt man die Stufen rechts hinauf, bis oben die Straße kreuzt, auf der wir links nach 50 m zum Hotel und Restaurant Haus am Lilienstein gelangen. Hier nehmen wir den Weg rechts durch die Felder direkt auf den Lilienstein zu und treten in den Wald ein.

Variante: Wer den Aufstieg zum Gipfel mit einem Höhenunterschied von 170 m scheut, kann das Felsmassiv im Wald am Fußhang erst nach links bis zur Westspitze, von dort nach rechts umwandern, bis er im Nordosten, unterhalb der Quelle Franzosenborn, auf den Kirchsteig (blauer Strich) stößt und damit wieder Anschluss an die Wanderroute bekommt.

Der Wanderweg steigt vorerst steil geradeaus an, führt dann nach rechts, schließlich gewunden über

Stufen bis zur Steilwand und an dieser in einer breiten Kluft auf eiserner Leiteranlage zum Sattel zwischen dem kleineren Westteil und dem Ostplateau des gespaltenen **Liliensteingipfels** empor (1 Std.). Vorerst wende man sich über Brücken und Stege nach links hinauf zu den Westaussichten, dann in den Sattel zurück und geradeaus auf das Plateau.

Wir verlassen den Lilienstein über den Nordabstieg zwischen der Nordaussicht und dem Gasthaus, der über Stufen in den Klüften der Wände steil und schnell abfällt. Am Nordfuß folgen wir der Markierung blauer Strich links an der Fußhalde entlang. Nach 300 m erreicht man eine Kreuzung. Links über ihr befindet sich der **Franzosenborn,** eine gefasste überdachte Quelle, die 1592 erstmals kartiert wurde (2 Std.). Im Mittelalter floss sie wohl reichlicher, denn sie versorgte das längst verschwundene Dörfchen Sellnitz mit Trinkwasser, vielleicht auch die Burgbesatzung und 1813 dann die französischen Soldaten, was ihr den heutigen Namen einbrachte.

An der Kreuzung unter dem Franzosenborn geht man geradeaus den **Waltersdorfer Kirchsteig** hinab, quert geradlinig einen Fahrweg und tritt auf die Felder hinaus. Rückschauend kann man die Nordseite des Liliensteins bestaunen. Bald darauf erreicht man rechts wieder den Wald und entdeckt unter Buchen und Eichen einen Friedhof. Eine Holztafel erinnert an 119 Heimatvertriebene, die in einem geräumten ehemaligen Kriegsgefangenenlager untergebracht waren und 1945–47 an Hunger und Krankheiten gestorben sind.

Der Kirchsteig läuft über eine bewaldete Bodenwelle. Geradeaus liegt Waltersdorf, doch wir wenden uns nach links, überqueren die Kaiser-Napoleon-Straße an einem Haus, an dem der **Lottersteig** geradeaus vorbeigeht. Es ist ein Waldweg durch ein Trockental. Sein letztes Stück fällt steil über Stufen auf die Schutthalde der Schulhainbrüche, die längst stillgelegt wurden und mit Wald bestockt sind. Nach rechts gehend kommt man an zwei Wochenendhäuschen vorbei, die aus ehemaligen Steinbrecherhütten hervorgegangen sind.

An der Elbe liegt nach wenigen Minuten das alte **Haus Einsiedler,** das als Pension und Café zur Einkehr einlädt (2.30 Std.). Von der Bank unter einer Kastanie am Strom schaut man auf die Elbe und auf die Basteifelsen über Rathen, das man nach 1,5 km erreichen könnte.

Vom Haus Einsiedler geht man auf die Steinbruchhalde zur Einmündung des Lottersteiges zurück und dort geradeaus im Haldenwald der Schulhainbrüche ohne Markierung weiter. Später senkt sich der Haldenweg am ehemaligen Gasthaus **Ferdinandshof** zum Elbufer hinab.

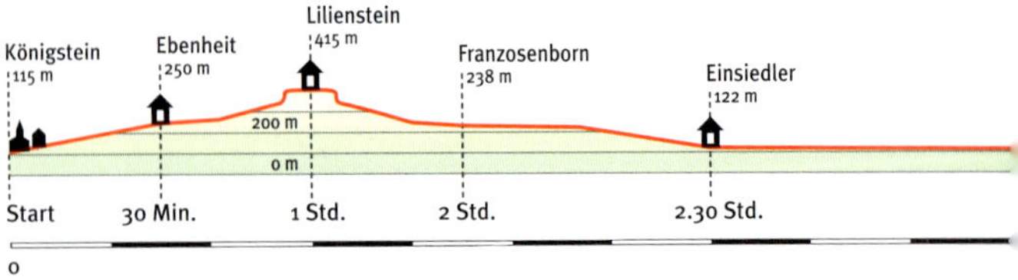

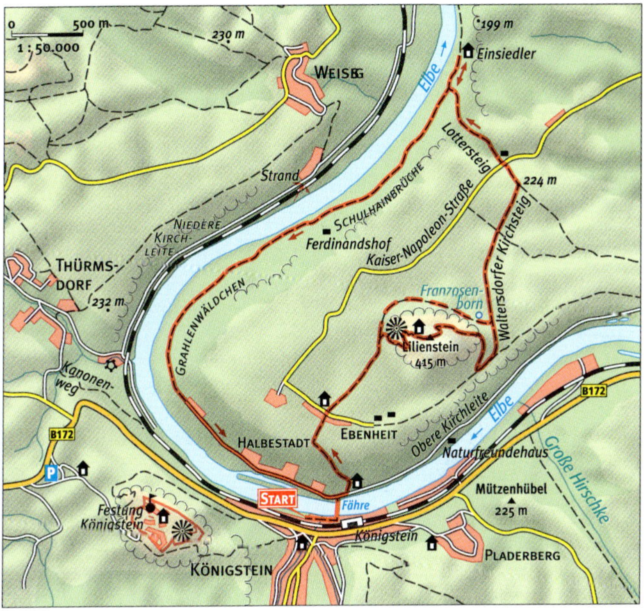

Auf einer Anliegerstraße in Ufernähe aufwärts schreitend, sehen wir linkselbisch über uns die Festung Königstein. In Halbestadt erreicht man die Fähre über die Elbe und mit ihr die Stadt **Königstein** (4.30 Std.).

Der Lilienstein

Der Lilienstein ist das imposanteste Felsmassiv des Elbsandsteingebirges, nicht nur durch seine absolute Höhe und schroffe Gestalt, sondern vor allem durch seine freie, herausgehobene Lage in der großen Elbschleife und im Zentrum der Vorderen Sächsischen Schweiz. Aus welcher Richtung man sich ihm auch nähert, immer steigt er trutzig und imposant auf, den gegenüber stehenden Königstein um 55 m überragend. Der Strom umfließt einen breiten Sockel, der den Lilienstein großräumig umgibt. Eine bewaldete Fußhalde aus Sand und abgestürzten Blöcken legt sich kranzartig um den senkrecht aufstrebenden Stein, so dass man oben über 60–70 m tiefen Abgründen steht und freie Aussicht über die Sächsische Schweiz und benachbarte Landschaften hat. Im Westen hat ein Kluftsystem mehrere Pfeiler und Gipfel abgespalten, wie den Mulattenkopf und das Westhorn. Beckenartige Verwitterungsformen, so genannte »Rabenbäder«, haben sich auf dem Gipfel eingetieft.

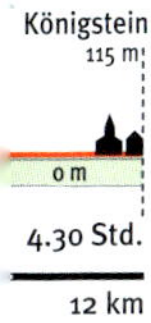

Der Lilienstein von der Ebenheit gesehen

Geht man aus dem Sattel über Stufen zum Plateau hinauf, durchschreitet man das Gelände der mittelalterlichen Burg Lilienstein. 1379 wurde der Lilienstein erstmals urkundlich erwähnt, 1396/97 als Veste bezeugt, die ein rechtselbischer Vorposten des Königsteins war. Als letzterer vom Markgrafen von Meißen 1408 erobert und einbehalten wurde, ließ man die Burganlage auf dem Lilienstein zerstören oder verfallen.

1708 bestieg Kurfürst August der Starke den Lilienstein. Vermutlich hat er auch die Ruinen der Burg gesehen. 1729/30 schrieb er eigenhändig eine Konzeption zur Schaffung eines uneinnehmbaren Festungsgebietes im Elbsandsteingebirge nieder, nach welcher der Lilienstein wieder befestigt werden sollte, aber auch der Pfaffenstein, Quirl, Rauenstein und die Bärensteine. Der Plan wurde nie realisiert.

Auf der Ebenheit am Lilienstein geriet 1756 im Siebenjährigen Krieg die ganze sächsische Armee in preußische Gefangenschaft. 1813 ließ Napoleon zum Schutz des Elbübergangs auf zwei Schiffsbrücken bei Königstein-Halbestadt Befestigungswälle und die nach ihm benannte Straße vor dem Lilienstein erbauen.

Außer einem Gasthaus steht hier oben ein Obelisk, der 1889 anlässlich der 800-Jahrfeier der Herrschaft der Wettiner über die Markgrafschaft Meißen und das Kurfürstentum und Königreich Sachsen aufgetürmt wurde. Vor ihm liegen die Aussichtspunkte gegen Süden. Am Lastenaufzug vorbei geht es weiter zum Sockelrest eines kleinen Obelisken, der zum Andenken an die Besteigung des Liliensteins durch August den Starken errichtet worden war.

Durchs Polenztal

Von Hohnstein zum Hockstein, durchs Polenztal und den Tiefen Grund zurück

Von einer Burg mit finsterer Vergangenheit und dem Hockstein, der im Mittelalter eine Burgwarte trug, wandert man im romantischen Tal zwischen hohen Felswänden hinab, wo einst die Lachse zogen, die jetzt nach 70 Jahren wieder zurückkehren.

DIE WANDERUNG IN KÜRZE

+ Anspruch

3.30 Std. Gehzeit

13 km Länge

Charakter: Leichte Wanderung mit kürzeren An- und Abstiegen, 2 km auf asphaltierter Straße

Wanderkarten: LVermA, TK 25, Nr. 43 und 45; R. Böhm, WK 10, Brand/Hohnstein

Einkehrmöglichkeiten: In Hohnstein, Hotel Zum Polenztal

Anfahrt: Mit dem PKW: Pirna–Lohmen–Hohnstein; Stolpen–Hohnstein; Sebnitz–Ehrenberg–Hohnstein; Bad Schandau–Porschdorf–Hohnstein. **Mit dem Bus:** Linie 237 Pirna–Hohnstein–Sebnitz; Linie 264 Bischofswerda–Neustadt/Sachs–Hohnstein

Die Tour beginnt in **Hohnstein** am Markt vor der Burg. An der Ostseite des Platzes geht man den Fußgängerweg zur Rathausstraße und diese nach rechts zwischen Rathaus und der Burg am Hohnsteinbach in den **Bärengarten** hinab (blauer Strich, grüner Diagonalstrich). Nach 10 Min. wird der Rest der Mauer erreicht, die seit 1609 die Schlucht absperrte, in der bis 1756 Bären für die Tierhatzen der Residenz in Dresden gehalten und gezüchtet wurden.

Erst geradeaus, dann rechts steil hinab geht es in die tiefe, feuchte und kühle Felsschlucht zwischen hohen, senkrecht aufragenden, moosbedeckten Wänden hinein. Rechts ist an einem Felsen ein Bildnis des Pfarrers Wilhelm Leberecht Götzinger (1758–1818) eingemeißelt, der mit zwei Büchern, einer ersten Wanderkarte und als Wanderführer zu den touristischen Ersterschließern der Sächsischen Schweiz gehört.

Am Durchlass des Hohnsteinbaches durch die untere Bärengartenmauer beginnt der **Schindergraben** steil zur **Polenz** abzufallen. An der Einmündung steht rechts das Hotel Zum Polenztal (20 Min.).

Jenseits darüber erhebt sich der Hockstein, den es zu besteigen gilt: Man geht 250 m rechts talaufwärts, bis von links der Kolichtgrund einmündet, an diesem nach der Brücke links den Steig (blauer Strich, grüner Diagonalstrich) am Nordhang hinauf, vorbei an der Hocksteinhöhle, durch die **Wolfsschlucht,** die durch Carl Maria von Webers Oper »Der Freischütz« berühmt wurde, und durch ein Felsentor zum Plateau (40 Min.).

Der Hockstein trug im Mittelalter eine kleine Burganlage. Das Felsengemach mit den Stufen, Falze als Balkenwiderlager im Stein und ein Graben und Erdwall mit der Teufelsbrücke sind letzte Reste. Auf dem Felssporn der Aussicht ist ein Mühlespiel eingemeißelt, mit dem sich der Sage nach die Besatzung die Zeit vertrieben haben soll.

Auf gleichem Weg steigt man anschließend wieder zur Polenz hinab. Im **Polenztal** wandert man auf dem breiten und bequemen Weg (roter Punkt) mit leichtem Gefälle abwärts. Nachdem man 3 km im Engtal zurückgelegt hat, weitet es sich kesselartig. Von rechts kommt der Füllhölzelweg von der Ziegenrückenstraße herab. Kurz danach steht man unter dem mächtigen **Carolastein,** sieht am linken Ufer den markanten Felskegel Polenztalwächter. Unterhalb von beiden steht die Gaststätte **Waltersdorfer Mühle.** Zur Zeit ist sie wüst und leer. Die Gebäude der eigentlichen, schon im Mittelalter betriebenen Mühle 400 m talabwärts wurden abgerissen, das Gelände renaturiert. Vorerst bleiben wir noch auf dem Polenztalweg am rechten Ufer, wechseln unter dem Brandmassiv dann aber mit dem roten Punkt aufs linke hinüber.

Unter dem Frinzberg klapperte einst die Frinzthalmühle, die sich zu einer hässlichen Metallwarenfabrik entwickelt hat. Hier vor **Porschdorf** endet das Polenztal (2 Std.). Ohne den Ort zu betreten gehen wir über die Brücke und im spitzen Winkel links auf der Autostraße im **Tiefen Grund** am Grundbach 2 km aufwärts.

Der blaue Strich verlässt uns an den Brandstufen, der dort zumündende rote Strich bald an den Stufen nach Waitzdorf hinauf. Dort, wo der Grundbach die Straße unterquert, beide nach rechts schwenken, verlassen wir sie nach 80 m und gehen links auf den breiten Weg in den **Forstgraben** hinauf, der erst allmählich, im oberen Teil dann steil ansteigt. 150 m von der Autostraße entfernt steht links am Weg wie ein Denkmal der natürliche Fels **Schlüsselstein**. Felswände verstellen oben den Forstgraben. Der hier grob sandsteingepflasterte Weg führt links vor der Felswand entlang, dann rechts schwenkend zur **Brandstraße** (3 Std.) auf die Hochebene.

Die Brandstraße wird geradeaus überquert. Der geschotterte Forstweg **Schneise 15** bringt uns geradeaus über drei Kreuzungen zu einer vierten mit dem **Neuweg.** Diesem folgen wir nach rechts (roter Strich). Er mündet bald auf die Brandstraße, auf der wir in das Städtchen **Hohnstein** hinabsteigen (3.30 Std.).

Burg und Stadt Hohnstein

Die unter Denkmalschutz stehende Stadt und ihre Burg sind eingebettet zwischen der flachwelligen, aber

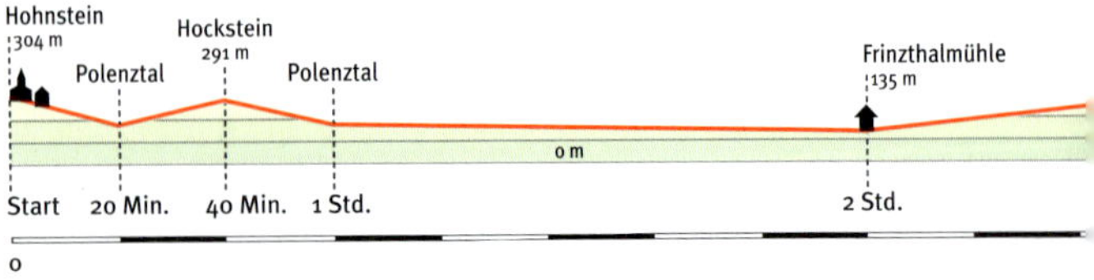

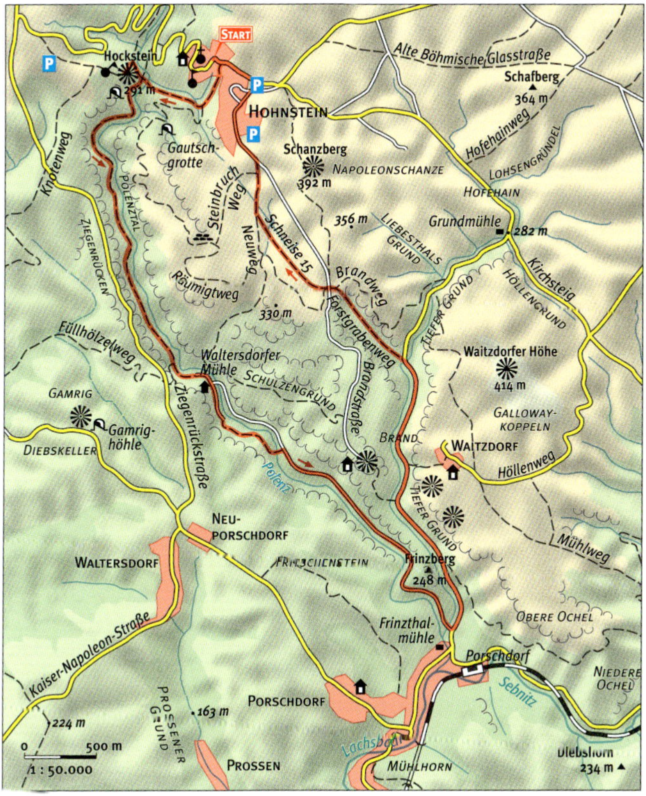

kuppenreichen Granitlandschaft mit breiten Tälern, Wiesen und ausgedehnten Feldern und der schroffen, bizarren Formenvielfalt des Sandsteins mit cañonartigen Schluchten. Sie ist umgeben von Wäldern des Nationalparks.

Auf einem 90 m hohen Felsen über dem Polenztal steht die nach 1200 begründete Burg. 1410 sank das Geschlecht der Berken von der Duba ins Raubrittertum ab. 1443 wurde es vom Hohnstein vertrieben, der nun ein sächsisches regionales Herrschafts- und Verwaltungszentrum, Jagdschloss und gefürchtetes Staatsgefängnis war. 1926 erhielt die Burg eine gänzlich neue und erfreuliche Bestimmung als Jugendherberge. Dieser glücklichen Zeit ihrer Geschichte folgte ab März 1933 und bis August 1934 ihre schrecklichste als KZ (›Schutzhaftlager‹) der Nationalsozialisten, ab 1939 als Kriegsgefangenenlager. 1945 war sie Vertriebenenauffanglager und seit

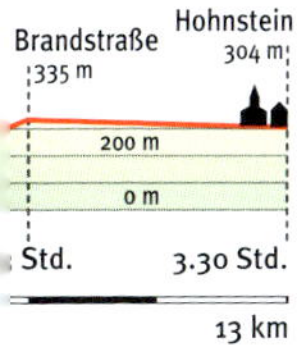

Burg und Stadt Hohnstein

dem Jahr 1948 ist sie wieder ›Jugendburg‹.

Unmittelbar vor dem Burgtor entstand der **Markt** der Stadt auf schmalem Geländesattel, über den die geologische Grenze zwischen Sandstein und Granit, die so genannte Lausitzer Überschiebung, verläuft. Bei einem Stadtbrand von 1724 wurden die besten Häuser am und um den Markt, die Hälfte aller Gebäude der Stadt vernichtet. Die barocke Stadtkirche entstand 1725–27, ihr berühmter Architekt ist George Baer, der in Dresden die Frauenkirche schuf.

Zwei vom Feuer verschonte Fachwerkbauten zeigen noch alte Pracht: Das Bürgerhaus am Markt, das 1828 Apotheke wurde und das **Rathaus** unterhalb des Marktes. Vermutlich 1688 erbaut, beherbergte letzteres Anwesen 1855 die erste deutsche Korkfabrik, 1858 ein Brauhaus und erst seit 1917 das Rathaus. Am Haus Markt 4 erinnert eine Tafel an Christian Gottlob Schroeters (1699–1782), der darin geboren wurde. Er war Organist und Komponist und der Erfinder des Hammerklaviers (Fortepiano). Das Hohnsteiner Puppenspielhaus oberhalb des Parkplatzes mit Schindeldach, Türmchen und Kasperle-Wetterfahne erinnert an das von Max Jakob 1929 gegründete Hohnsteiner Handpuppenspiel und die hiesige Puppenkopfschnitzerei. An jedem letzten Maiwochenende im Jahr gastieren viele Puppenspielbühnen des In- und Auslandes in Hohnstein.

Der **Heimatkundliche Lehrpfad** (Markierung grüner Diagonalstrich) durch und um Hohnstein ist ein Rundkurs in zwei Varianten unterschiedlicher Länge und Anstrengung. Schrifttafeln bieten Informationen zu Geologie, Naturkunde und Geschichte. (Teile des Pfades sind in die Touren 5 und 6 einbezogen.)

Lausitzer Überschiebung

Von Hohnstein zum Brand und über die Waitzdorfer Höhe und die Napoleonschanze zurück

Vor 65 Millionen Jahren schuf ein unvorstellbares Erdbeben eine Bruchzone durch die Sächsische Schweiz, an die zwei ganz unterschiedliche Landschaftsformen grenzen: Elbsandsteingebirge und Westlausitzer Bergland.

DIE WANDERUNG IN KÜRZE

++
Anspruch

4.30 Std.
Gehzeit

15 km
Länge

Charakter: Einfache Wanderung, aber mit zwei längeren Stufenanlagen

Wanderkarten: LVermA, TK 25, Nr. 43 und 45; R. Böhm, WK 10, Brand/Hohnstein

Einkehrmöglichkeiten: In Hohnstein, auf dem Brand, in Waitzdorf

Anfahrt: Mit dem PKW: Pirna–Lohmen–Hohnstein; Stolpen–Hohnstein; Sebnitz–Ehrenberg–Hohnstein; Bad Schandau–Porschdorf–Hohnstein. **Mit dem Bus:** Linie 237 Pirna–Hohnstein–Sebnitz; Linie 264 Bischofswerda–Neustadt/Sachs–Hohnstein

Vom Marktplatz in **Hohnstein** (s. S. 34) geht man an der Ostseite den Fußgängerweg rechts zum Rathaus und am Hohnsteinbach in den **Bärengarten** hinab, dessen Mauer man nach 10 Min. erreicht.

Hier gabelt sich der Weg und wir folgen, auf gleicher Höhe bleibend, links den Markierungen grüner Strich und grüner Diagonalstrich. Nach 100 m gehen wir rechts über die Steinbrücke auf einem breiten Hangweg entlang. Tief unter uns liegt rechts der Schindergraben, hoch oben die Burg. Links steht der Felsen Großer Halben, um den der Weg herumführt (15 Min.). An seiner Ecke läuft geradeaus ein Weg von nur 80 m Länge zum Aussichtspunkt Henschelhorn, von dem man in den bewaldeten Polenztalkessel hinabblickt. Die Wanderung führt am Großen Halben nach links leicht aufwärts.

Bevor der Weg um die Schlucht Kaltes Loch herum scharf nach rechts biegt, sehen wir uns ein geologisches Naturdenkmal an. Wir halten uns geradeaus und erreichen einen wilden Felswinkel mit der Schichthöhle **Gautschgrotte,** die von 40–50 m breiten und 30 m hohen Felsüberhängen gebildet wird. Von oben fließt oder tropft Wasser herab. Im Winter bilden sich phantastische Eisgebilde, in der Mitte darunter manchmal eine Säule von ca. 18 m Höhe und 2–4 m Durchmesser. So verlockend der Anblick auch sein mag, man sollte keinesfalls näher herantreten, da durch Abbrüche von Eis und Felsen Lebensgefahr besteht. Die Trümmer herabgestürzter Blöcke vor der Grotte sind Zeugen der Felszerstörung durch Spaltenfrost und chemische Zersetzung.

Weiter geht es nun nach links um den Felsen Kleiner Halben herum und in ständigen Windungen und leichtem Auf und Ab vorwärts (grüner Strich). Der Terrassenweg passt sich stets an das stark gegliederte Gelände an, indem er den links stehenden Felswänden ausweicht oder sich um rechts hinabziehende Schluchten windet. Es ist ein bequemer, abwechslungsreicher Gang durch den Mischwald im Nationalpark über den linken Polenztalwänden. Wir erreichen schließlich eine Lichtung – das ebene Gelände eines schon lange aufgelassenen **Steinbruchs** (1 Std.). Links steil aufwärts gelangt man nach 5 Min. auf einen Bergsattel und auf den breiten Steinbruchweg.

Dieser schwenkt vom Bergsattel nach rechts und an einer ersten Weggabelung nach 100 m erneut nach rechts auf den Räumichtweg (grüner Strich). An einer zweiten Weggabelung bleibt man links und erreicht bald die mitten im Wald liegende **Räumichtwiese.** 500 m danach mündet der Räumichtweg auf den **Neuweg.** Seinen Namen erhielt der Neuweg im 16. Jh., als er als kürzeste Verbindung zwischen Königstein und Hohnstein angelegt wurde.

Der Neuweg wird gequert. Auf der Hochfläche bleibend, folgen wir weiter dem grünen Strich am Sauteich vorbei bis zur **Brandstraße** und gehen auf dieser nach rechts mit dem blauen Strich bis zum **Brand.** Die Brandaussicht vor dem Hotel gehört zu den bekanntesten Fernsichten in der Sächsischen Schweiz, da man von hier die malerische Landschaft nach Süden bis Nordwesten überblickt: Tief zu Füßen liegt das Polenztal, im Mittelgrund das Elbtal, über dem die ›Steine‹ stehen, und am Horizont beginnt bereits Böhmen.

Von der Brandaussicht geht man nach rechts um die Gaststätte herum und zwischen ihr und der »Heidenauer Hütte« hindurch (blauer und roter Strich). Wenige Schritte hinter dem Zaun der Hütte folgt man vorerst 100 m nach links zur **Aussicht Hafersäcke,** blickt gegen Osten in den Tiefen Grund hinein, nach Waitzdorf und auf die Ochelwände gegenüber sowie gegen Norden auf die Felsen Hafersäcke.

Auf den Hauptweg zurückgekehrt, folgt man diesem nach links die **Brandstufen** hinab, die im **Tiefen Grund** am Bach enden (2 Std.). Man geht nach links die Straße aufwärts und steigt nach 400 m rechts steil über Stufen durch den Dorfbachgrund nach **Waitzdorf** hinauf (roter Strich). Das Dorf mit ca. 50 Einwohnern liegt einsam zwischen Wäldern, Wiesen und Feldern.

Nach rechts bringt uns die Straße »Zum Dorfgrund« zur Waitzdorfer

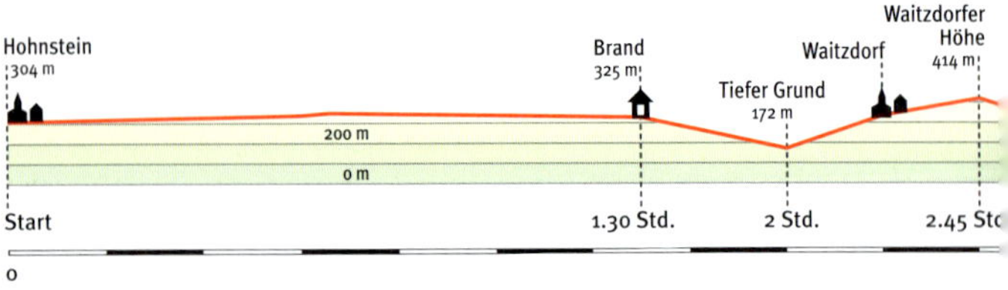

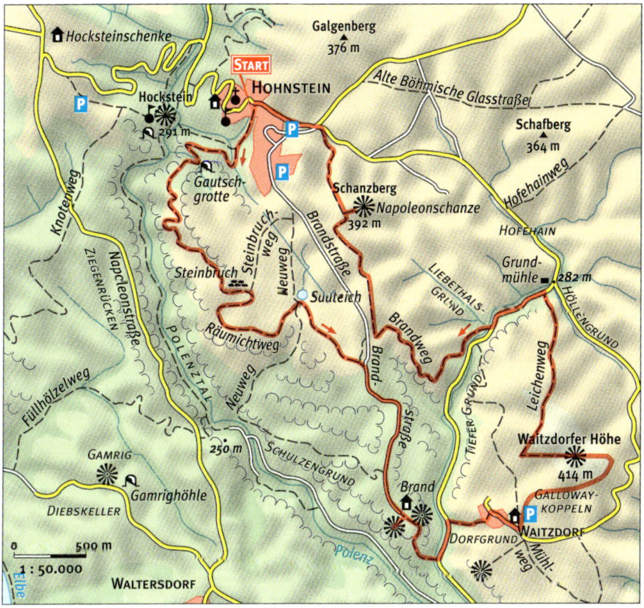

Schenke und daran vorbei zum Parkplatz. Hier gehen wir links auf dem breiten geschotterten Holländerweg 330 m leicht bergan, steigen nach rechts in den Wiesen der Gallowaykoppeln vorerst bis zum Waldrand und dann im Bogen nach links zur **Waitzdorfer Höhe** hinauf (2.15 Std.). Hier queren wir die Grenze der zwei verschiedenen geologischen Formationen. Die Waitzdorfer Höhe ist ein zweigipfliger Granitberg. Der eine Gipfel steht in der Wiese, der südöstliche ist mit Wald bestockt. Beide haben die selbe Höhe: 413,7 m. Die Nordwestkuppe gewährt eine unvergleichliche Möglichkeit zur geographischen Landschaftserkundung: Die Lausitzer Überschiebung trennt die gerundeten, gewölbten Kuppen und Rücken der Lausitzer Berge aus Granit und Basalt im Osten und Norden von den bizarren Steinen, Tafeln und Schluchten mit den senkrechten Wänden und Stufen aus Sandstein im Süden und Westen.

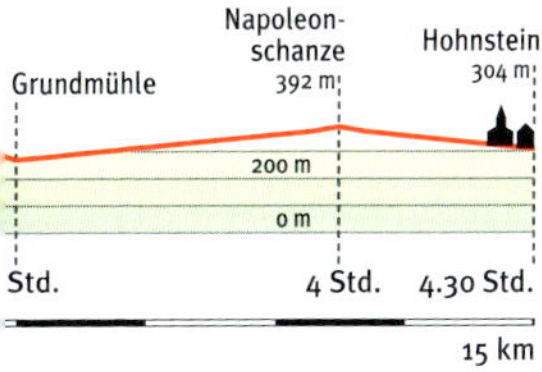

Von der Höhe geht man in Westrichtung durch die Wiese unter der Hochspannungsleitung hindurch zum Waldrand hinüber und an diesem nach rechts zur Waldecke hinunter. Genau in dieser gehen wir den **Leichenweg** hinab, vorerst begleitet von einem Telefonkabel auf Holzmasten. Wir gehen links bergab, den geradeaus verlaufenden Weg mit der Telefonleitung verlassend. Auf dem Leichenweg wurden früher die Toten

Brandaussicht mit Fels Brandscheibe im Herbst

auf den Hohnsteiner Friedhof gebracht. An den nächsten Wegekreuzungen und Abzweigungen bleiben wir immer geradeaus bergab, bis wir kurz vor dem **Tiefen Grund** und der **Grundmühle** stehen (3 Std.). Die Grundmühle geht auf einen mittelalterlichen Ursprung zurück und stammt in ihrer heutigen Form aus dem Jahre 1807.

Die Route führt nun links 300 m auf der Straße bergab, dann rechts über den Grundbach, 20 m danach links auf den **Brandweg** (gelber Strich) und bald steil ansteigend durch den Wald hinauf. Hinter einer scharfen Rechtskurve erreichen wir einen Sattel, wo wir auf den Lupinenweg stoßen, dem wir nach links folgen (gelber und grüner Strich).

80 m vor der Mündung des Brandweges auf die Brandstraße verlässt man den gelben Strich und geht rechts im Wald hinauf bis zur Hochebene. Auf der Kuppe der Wiese sehen wir schon die bewaldete Napoleonschanze vor uns. Bei hohem Gras bietet sich aber ein kleiner Umweg an: Der Weg mit dem grünen Strich führt unter den Bäumen zwischen Wald und Wiese entlang. Nach 300 m muss man rechts den Hang zur Wiese hinauf, links um die Ecke des Waldes herum und auf einem Pfad im Waldrand weiter. Wo der Wald aufhört, steigt man erneut rechts zur **Napoleonschanze** hinauf (4 Std.). Hinter 3–4 m hohen Wällen mit rampenartigen Auffahrten wurden Geschütze und Mannschaften postiert und von Kaiser Napoleon 1813 selbst inspiziert. Durch den Einbau der Trinkwasseranlage wurde 1928 ein Teil der Napoleonschanze zerstört. Die Wallecken sind jedoch gut erhalten. Von der Wallkrone hat man einen weiten Rundblick. Uns zu Füßen liegt das Städtchen **Hohnstein,** zu dem man zwischen Wiesen hinabwandert (4.30 Std.).

Anmutige Täler und alte Dörfer

Von Amtshainersdorf über den Unger nach Krumhermsdorf und im Schwarzbach- und Sebnitztal zurück

Diese Ganztagestour beginnt im Westlausitzer Bergland und führt in das Landschaftsschutzgebiet Sächsische Schweiz. Auf einsamen Wegen durch wechselnde Landschaften ist diese Route ein Geheimtipp für Liebhaber ländlicher Natur und stiller Abgeschiedenheit.

DIE WANDERUNG IN KÜRZE

++ Anspruch

6 Std. Gehzeit

21 km Länge

Charakter: Einfache, aber sehr lange Tour, die abgekürzt werden kann, indem man vom Haltepunkt Mittelndorf oder Ulbersdorf mit dem Zug zurück nach Sebnitz fährt

Wanderkarte: LVermA, TK 25, Nr. 45

Einkehrmöglichkeiten: In Schönbach, auf dem Unger, in Krumhermsdorf und in Lohsdorf

Anfahrt: Mit dem PKW: Pirna–Hohnstein–Sebnitz; Neustadt/Sachs–Sebnitz; Pirna–Bad Schandau–Sebnitz; Hinterhermsdorf–Saupsdorf–Sebnitz. **Mit der Bahn:** Strecke 248, Bad Schandau–Haltepunkt Amtshainersdorf–Sebnitz–Neustadt/Sachs–Bautzen. **Mit dem Bus:** Linie 237 Pirna–Hohnstein–Amtshainersdorf–Sebnitz

Die Wanderung beginnt in **Sebnitz** im Ortsteil **Amtshainersdorf**, gegenüber vom Hotel Sebnitztal im Hofraum des alten Bauerngutes Hohnsteiner Str. 12. Diesen Hof verlassen wir mit den Markierungen gelber Strich und grüner Diagonalstrich unter der Eisenbahnlinie hindurch. 50 m danach trennen sich die Markierungen: Der heimatkundliche Lehrpfad geht nach rechts über den **Goldbach** hinweg, der mittelalterliche Weg bleibt links und steigt leicht an. In einem Wäldchen, die ›Goldgruben‹ genannt, treffen beide wieder zusammen, so dass es dem Wanderer freisteht, ob er am Bach oder am Talhang geht. Überwachsene Löcher im Waldboden stammen von Schürfungen und sind Pingen primitiver Bergbauversuche. Der Bach hatte Mineralkörnchen aus Eisen- und Kupferkies sowie Spuren von Turmalin, Magnetit und Pyrit, volkstümlich ›Katzengold‹ genannt, freigespült, die man noch heute im Schwemmsand glänzen sieht. Angesichs der Meldungen vom Goldrausch in Nordamerika hat man den heimatlichen Boden durchwühlt, freilich ohne Erfolg. Geblieben sind die Namen ›Goldgruben‹ und ›Goldbach‹. Hinter dem Wäldchen stehen zwei Gebäude eines alten Schießplatzes der DDR-Betriebskampfgruppen.

Bald überquert man den Goldbach und erreicht nach 1 km an einem alten Dreiseithof (Nr. 20) die Hauptstraße des Waldhufendorfs **Schönbach** (30 Min.), das sich zwischen dem Rücken des Unger im Norden und dem Schönbacher und Schönes Berg im Süden in der Talsohle des Baches entlangzieht.

Wir gehen nun links die Dorfstraße 1 km hinauf, verlassen sie am Haus Nr. 24 nach rechts (gelber Strich) und steigen durch die Wiesen gegen Norden zum Unger hinauf. Im Wald überquert man die Eisenbahnstrecke und wandert rechts weiter bergauf. Weit oben stößt man auf den Wanderweg mit dem roten Strich. Über Wiesen geht man bergauf und erneut in den Wald hinein, in dem unter hohen alten Buchen das Gasthaus auf dem Gipfel des 537 m hohen **Unger** steht (1.30 Std.). Der steinerne Aussichtsturm von 1885 wurde 1972 aufgestockt. Um einen umfassenden und höchst imposanten Panoramablick über das Gebiet zwischen Zittauer Gebirge, Isergebirge, Riesengebirge, Böhmischem Mittelgebirge, Erzgebirge und der Elbtalweitung bei Dresden zu gewinnen, muss man zur 28 m höher gelegenen Plattform des Aussichtsturmes hinauf, für den der Gastwirt den Schlüssel verwahrt. 1992 wurde auf dem Unger auch noch ein Funkturm errichtet.

Den Gipfel des Berges verlassen wir nach links auf der Straße bergab. Dort, wo nach 300 m die Straße in eine Rechtskurve schwenkt, wenden wir uns nach links in den Wald hinein (grüner Strich und Diagonalstrich). An der Gabelung nach 250 m hält man sich an den grünen Strich. Während der Lehrpfad rechts bleibt, ziehen wir links bergab, entlang an Forstgrenzsteinen mit Krone aus königlicher Zeit. An der nächsten Verzweigung geht es geradeaus bergab. Am Waldrand trifft man auf eine Forststraße, der man 200 m nach rechts bergab folgt. An der nächsten Kreuzung öffnet sich der Blick auf Krumhermsdorf und weit in die Landschaft hinein.

Hier schlängelt sich unser Wanderweg links durch die Wiesen und über die Brücke zum Bahnhof von **Krumhermsdorf,** der heute nur noch ein Haltepunkt ist. Wir nehmen die Straße zur Dorfmitte hinab, vorbei an der Feuerwehr und dem Löschteich (2 Std.). Unterhalb der Bushaltestelle gabelt sich die Straße, wir gehen rechts mit dem gelben Strich in Richtung Ehrenberg–Hohnstein hinab. Am unteren Ortsende, wo die Straße scharf rechts nach oben wegzieht, hält man sich links und wandert auf dem breiten **Mühlsteig** (Feldweg; gelber Strich) weiter.

Kurz zuvor hatte sich der Dorfbach mit dem Schwarzbach vereinigt, der von Norden aus dem Ortsteil Neuhäuser herabfließt. Links liegt das alte Gebäude der Dorf- oder Rappkemühle, deren Rad einst der Schwarzbach trieb. Rechts des Baches läuft der Weg auf halber Höhe

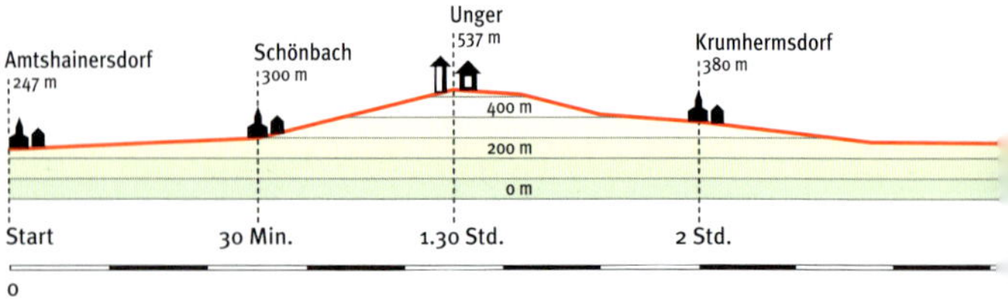

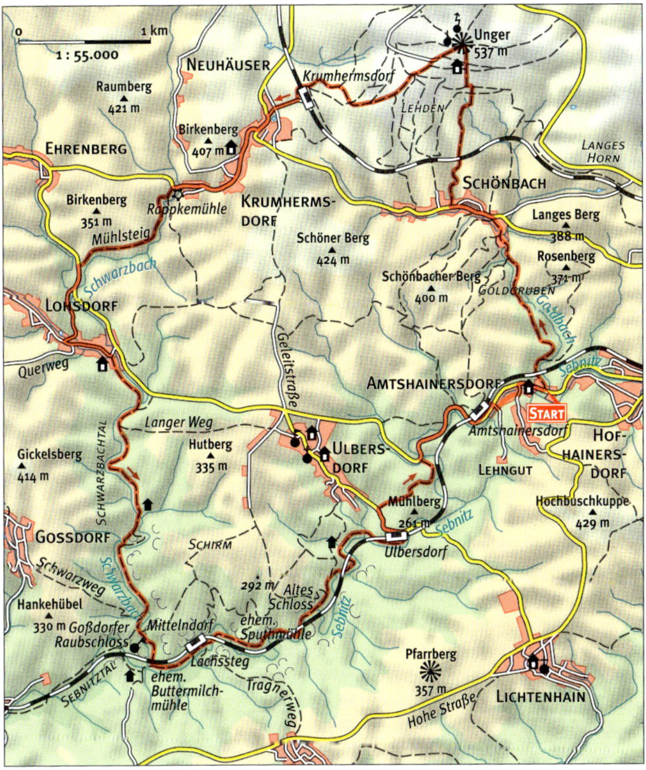

am breiten, sonnigen **Schwarzbachtal** entlang.

Nur mit geringem Gefälle erreicht man nach 1,5 km die Straße Hohnstein–Sebnitz. 200 m folgen wir ihr links bergab, verlassen sie dann rechts auf einem Feldweg über den Ehrenberger Bach kurz vor dessen Mündung in den Schwarzbach und gehen über die Hochebene auf **Lohsdorf** zu (gelber Strich).

Am ersten Haus (Nr. 5) biegen wir erst rechts, dann links zur Niederdorfstraße auf der Talsohle ab und bleiben auf ihr bis kurz vor ihrer Mündung auf die Straße Hohnstein–Sebnitz, an der sich die Bushaltestelle befindet. Unmittelbar unter

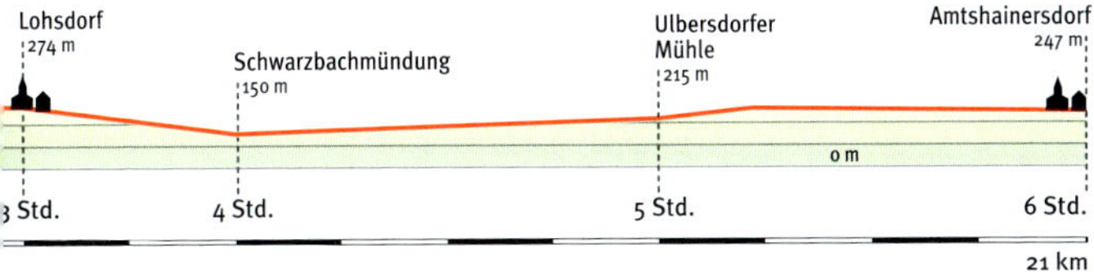

dem Gasthaus Zum Schwarzbachtal wechselt man mit der Markierung (gelber Strich) nach rechts und verlässt das Dorf.

Hier tritt das **Schwarzbachtal** in die Nationalparkregion Sächsische Schweiz ein. Parallel zum Bach und Wanderweg verläuft die alte, teils schon überwachsene, teils als Forstweg genutzte Trasse der 1951 demontierten Schmalspurbahn. Seitdem stört hier nichts mehr den Frieden der Natur. Brückenreste und zwei Tunnel sind stumme Zeugen der Vergangenheit. Der Wanderweg wechselt nach einer Schutzhütte wiederholt das Ufer des Baches, bis er unter der Eisenbahnbrücke der Linie Bad Schandau–Sebnitz (»Sächsische Semmeringbahn«) hindurch in das hier breite **Sebnitztal** mündet. Darüber steht die Burgruine Schwarzberg, versteckt hinter den mächtigen Kronen alter Bäume.

Unter der Brücke hindurch und am Fuße des Bahndammes links im Tal hinauf folgen wir jetzt bis ans Ende der Wanderung der Markierung roter Punkt. Dort, wo der Weg nach ca. 500 m eng zwischen dem Fluss und dem hohen Bahndamm verläuft und von einer Baumallee überdacht wird, befinden wir uns auf dem Lachssteg, der seinen Namen als Fangplatz der edlen Fische schon vor Jahrhunderten erhielt. Am Ende des Lachssteges kreuzt der Tragnerweg und führt hinter der Brücke zum **Haltepunkt Mittelndorf** hinauf. Wir gehen geradeaus weiter bis zur nächsten Eisenbahnbrücke und über eine kleine unter der großen hindurch in einen Halbkreis zwischen Sebnitzbogen und Bahntrasse hinein. Altes Gemäuer, eingebrochene Kellergewölbe, Mühlgraben- und Wehrreste, alles schon von Wald überwuchert, sind die letzten Spuren der einstigen Sputhmühle. Erneut hilft uns eine kleine Brücke unter einer weiteren Eisenbahnbrücke über den Fluss. Rechts hinauf geht es, oben 250 m unmittelbar am Bahngleis entlang, dann links nach unten, um gleich wieder links den breiten Weg durch den Wald über das Tal hinaufzusteigen. Unten rechts sieht man ein als Wochenendhaus genutztes altes Bahnwärterhäuschen. Über dem Steilabsturz des Geländes steht eine Schutzhütte. An ihr muss der breite, weiter bergan führende Forstweg verlassen werden. Rechts geht es steil über Stufen am Hang in die Talsohle zurück.

Zwei weitere Brückendurchgänge werden passiert. Schließlich kommt man an einen Bergsporn, der sich von links quer ins Tal schiebt. Die Sebnitz umfließt ihn in einer Südschleife, keinen Raum für einen Weg lassend. Die Bahn steigt zur halben Höhe hinauf. Ein Tunnel kurz über der Brücke hilft ihr geradlinig durch den Felsen hindurch. Auch unser Weg muss über den Fluss, steil hinauf, rechts am Tunneleingang vorbei und über den Berg hinweg. Auf seinem Gipfel stand im Mittelalter eine Burg (später Raschgärtners Raubschloss genannt), von der aber keine Reste mehr zu sehen sind. Der Wanderweg fällt jenseits ins Tal zurück und geht ständig kurvenreich bergauf und bergab, gelegentlich auch als schmaler, mit Ketten gesicherter Hangweg bis zur ehemaligen Ulbersdorfer Mühle und dem **Bahnhof Ulbersdorf,** wo um 1900 eine kleine Ansiedlung entstanden war (5 Std.).

Da am Fluss kein Weg weiterführt, müssen wir am Bahnhof das Tal verlassen und die Straße links in Richtung Ulbersdorf hinauf, die um den Mühlberg herumführt (roter Punkt).

Unterhalb des ersten Hauses geht unsere Route nach rechts über die Wiesen, ohne das Dorf zu berühren. Wir folgen der Markierung roter Punkt in Nordost-Richtung durch die Wiesen und sehen vor uns den oberen Teil der Amtshainersdorfer Siedlung, über der sich weiter rechts mit 429 m die Hochbuschkuppe erhebt. Am letzten Garten mit Laube geht der Weg links am Zaun entlang, an dessen Ende wieder rechts gegen Nordosten. Kurz vor dem Waldrand erreichen wir eine Gabelung und wenden uns nach rechts in Richtung Wald. Noch einmal steigt der Weg ein wenig an, um dann ins Tal abzufallen, wo man die Landstraße Sebnitz–Hohnstein erreicht. Wir halten uns rechts und kommen nach 2 km am Hotel Sebnitztal an. Zuvor durchschreitet man die Eisenbahnbrücke, hinter der sich nach 200 m auf dem Bahndamm der **Haltepunkt Amtshainersdorf** befindet. Nach rechts führt eine Brücke über die Sebnitz auf den Gießerweg (Fußweg) und flußaufwärts kommt man am Busch Werk vorbei mit dem roten Punkt zum Ausgangspunkt zurück (6 Std.).

Schwarzbach- und Sebnitztal

Der Schwarzbach hat sich in seinem Unterlauf tief ins Gelände eingeschnitten. Sein windungsreiches Tal ist im Grund und an den Steilhängen dicht bewaldet und in seiner Einsamkeit sehr romantisch. Schon oben an der Straße bei Lohsdorf fällt am Bach eine Trasse auf, auf der bis 1951 eine Schmalspurbahn das Städtchen Hohnstein mit der Kohlmühle an der Reichsbahnstrecke Bad Schandau–Sebnitz verband.

Dort, wo der Schwarzbach in die Sebnitz mündet, erhebt sich im Winkel beider Täler gegen Nordwesten ein Felssporn, auf dem die Burg Schwarzberg stand. 1372 wurde sie urkundlich als Besitz der Berken von der Duba auf Hohnstein ausgewiesen und gelangte 1451 in sächsischen Besitz. Dann verlor sich die Kunde vom Namen der Burg. Sie war bis auf die Grundmauern zerstört und verfallen. Wald und Sträucher überwucherten die Stätte. In den Sagen des Volkes lebte sie weiter als Goßdorfer Raubschloss, von Schatzgräber- und Gespenstergeschichten umwittert. 1858 ließ der damalige Besitzer des Berges einige wenige Grundmauern freilegen und auf ihnen im Geiste der Spätromantik eine künstliche Ruine im neugotischen Stil errichten, die heute noch steht.

Eine Mühle stand gegenüber vom Schwarzberg am linken Sebnitzufer. Unter dem Namen Buttermilchmühle wandelte sie sich seit dem 19. Jh. zu einer beliebten Gaststätte. 1984 wurde sie vom Blitz getroffen und 1992 abgerissen.

Der Weg ins Sebnitztal hinauf ist ein wildromantischer Pfad. Gelegentlich nur trifft man Wanderer, selten ein fliehendes Reh oder einen streifenden Fuchs. Die Sebnitz fließt in weiten Bögen und Schleifen. Sanfte Gleitufer wechseln mit felsigen Abstürzen. Seit 1877 wird sie von der Eisenbahnstrecke begleitet, die mit vielen Brücken und Tunnels das schwierige Gelände meistert. Die selten passierenden Züge stören kaum den Frieden des Tales, zumal ihr Lärm schnell durch eine Biegung oder einen Tunnel verschluckt wird.

Wege zur Hohen Liebe

Von Sebnitz nach Lichtenhain, durchs Kirnitzschtal und über Ostrau nach Bad Schandau

Aufstiege aus den Tälern der Sebnitz und Kirnitzsch wechseln mit ebenen Strecken und Abstiegen durch Wälder, Wiesen und Felder, an Gebirgsbächen entlang, über den Gipfel der Hohen Liebe und zum Elbstrom hinab.

DIE WANDERUNG IN KÜRZE

++ Anspruch

4.30 Std. Gehzeit

16 km Länge

Charakter: Mittelschwer; Streckenwanderung mit durchgehender Wegmarkierung, zwei steile Anstiege von 160 und 250 m

Wanderkarten: LVermA, TK 25, Nr. 45. Ab Lichtenhainer Wasserfall auch: R. Böhm, WK 10, Schrammsteine, Affensteine und WK 10, Bad Schandau und Umgebung

Einkehrmöglichkeiten: In Sebnitz, Lichtenhain, Lichtenhainer Wasserfall, in Ostrau und Bad Schandau

Anfahrt: Mit dem PKW: Pirna–Hohnstei–Sebnitz; Neustadt/Sachs–Sebnitz; Pirna–Bad Schandau–Sebnitz; Hinterhermsdorf–Saupsdorf–Sebnitz. **Mit der Bahn:** Strecke 248 Bad Schandau–Sebnitz–Neustadt/Sachs–Bautzen. **Mit dem Bus:** Linie 237 Pirna–Hohnstein–Sebnitz; Linie 260 (Pirna–)Bad Schandau –Sebnitz; Linie 261 Dresden–Stolpen–Neustadt/Sachs–Sebnitz; Linie 268 Hinterhermsdorf–Saupsdorf–Sebnitz

Rückfahrt: Mit der Bahn: Strecke 248 Bad Schandau –Sebnitz. **Mit dem Bus:** Linie 260 Bad Schandau/Elbkai–Sebnitz

Die Tour beginnt in **Sebnitz** am Busbahnhof (Schillerstraße; durchgehend roter Strich). An der Normaluhr geht man den kurzen Wiesenweg über die Sebnitz zur Hertigswalder Straße hinauf, diese nach rechts zur

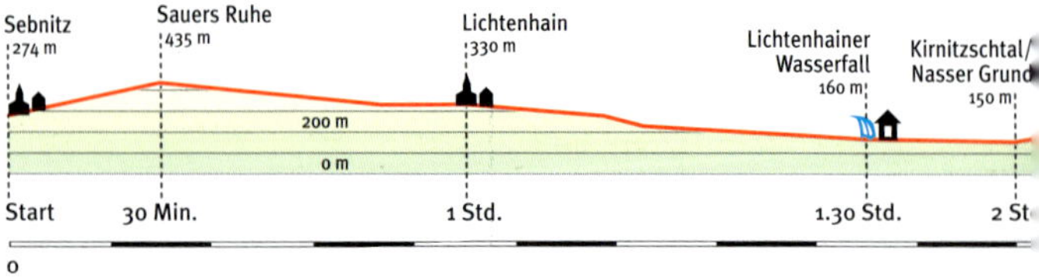

Kreuzung hinab und über sie hinweg in die schmale Straße hinein. Den hier beginnenden Albert-Kunze-Weg beachten wir nicht, sondern halten uns geradeaus. Nach 50 m streben zwei Wanderwege den Berg hinauf. Wir wählen den rechten, der über den Helmsberg führt. Schon nach 30 m geht man nach links durch Gärten, dann durch den Wald bergan. Am mittleren Berghang passieren wir eine große Eiche mit einer Bank darunter. 120 m oberhalb dieses Ortes wählt man an einer Gabelung den Pfad links hinauf und geht an der nächsten Kreuzung wieder links im Bogen nach oben bis zur Höhe des **Helmsberges.** Hier verzweigt sich der Weg erneut. 50 m links liegt **Sauers Ruhe,** eine flache Granitkuppe mit einer Bank (30 Min.).

Vom Helmsberg wandert man rechts im Bogen durch den Wald. Nach 250 m mündet ein Weg hinzu, dem man bequem rechts bergab folgt. 5 Min. später wird die **Alte Hohe Straße** an einer steinernen Wegsäule erreicht. Sie bildet hier die Grenze des Landschaftsschutzgebietes Sächsische Schweiz, das wir nun betreten. Die mittelalterliche Fernverkehrsstraße ist heute in diesem Bereich nur noch eine Forststraße ohne öffentlichen Verkehr. Wir ziehen auf ihr nach rechts, in westlicher Richtung, weiter durch das nördliche Keilholz, über die Kreuzung mit Sturms Weg geradeaus hinweg. 300 m nach der Kreuzung schwenkt die Alte Hohe Straße links zum Waldrand hinab, an dem uns eine großartige Aussicht erwartet. Die Fernsicht genießend, spaziert man zur Autostraße Sebnitz–Bad Schandau hinunter. Sie führt rechts am Ortskern von **Lichtenhain** vorbei, wir jedoch gehen geradeaus in den Ort hinein und auf der Hauptstraße über den Dorfplatz zum Anger hinauf, an dem die Kirche und der große Vierseithof des Erbgerichts auffallen (1 Std.).

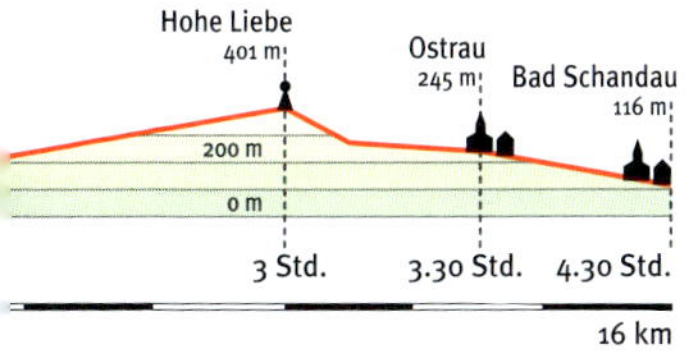

Lichtenhain wurde von deutschen Siedlern auf einer Waldlichtung gegründet, um die sie große Rodungsflächen schufen. Im Dreißigjährigen Krieg wurde es schwer gebrandschatzt (1633/34). Die Bewohner flohen in die Felsreviere oberhalb des Kirnitzschtales. 1890 brannte das Oberdorf ab und wurde neu errichtet. Bauernhöfe über der Talsohle und alte Häuser im Niederdorf haben sich erhalten. Das Erbgericht neben der Kirche ist der größte Hof im Dorf mit der ältesten Bausubstanz in den hinteren Gebäudeteilen.

Die Wanderroute verlässt das Dorf zwischen der Kirche und dem Erbgerichtshof. Von einer Bank unter der prächtigen alten Eiche blickt man über Felder und Wiesen südwärts ins Kirnitzschtal und auf die anmutige Fels- und Berglandschaft, die sich darüber erhebt. Mitten durch die Wiese führt der **Hörnelweg** gegen Süden. Am Waldrand fällt das Gelände steil und schluchtartig ins stille Waldtal des Lichtenhainer Baches ein. Der asphaltierte Weg an seinem Ufer bringt uns zum **Lichtenhainer Wasserfall** am gleichnamigen Hotel, das 1853 gebaut wurde und seitdem ein Touristenzentrum ist (1.30 Std.).

Nur 300 m benutzt man die Kirnitzschtalstraße abwärts, vorbei

an der Heidemühle, einer uralten Schneidemühle, die einst auch Holzschliff, Holzwolle und 1953 Leisten produzierte, zum **Beuthenfall,** der rechts versteckt zwischen Gebäuden herabfällt, sofern der Beuthenbach nicht ausgetrocknet ist. Hier wechselt man über die Brücke ans andere Ufer und geht unmittelbar an der Kirnitzsch nach rechts auf den **Flößersteig** hinab, der als Naturlehrpfad ausgewiesen ist und von Hinweistafeln begleitet wird. Die Talpartie zwischen hohen, teilweise überhängenden Felswänden und der Fluss zwischen Wiesen und Mischwald wirken sehr malerisch. Durch die Autostraße am jenseitigen Ufer ist allerdings die natürliche Stille dieses Tals stark beeinträchtigt.

1,3 km unterhalb des Beuthenfalls mündet von links der **Nasse Grund**

mit einer breiten Forststraße ein (2 Std.). Man überquert sie und steigt auf der anderen Seite rechs am Hang steil auf dem **Butterweg** aus dem Tal zur Hohen Liebe hinauf. Nach 700 m quert der breite Obere Steinbruchweg, den man überschreitet und dann links im Hohlweg 250 m hinaufsteigt bis zu einem Wegstern. Wie ein Denkmal steht ein 2,5 m hoher, wabenverwitterter natürlicher Sandstein im Wald. Hier nimmt man den schnurgeraden Oberen Liebenweg nach rechts zur Hohen Liebe hinauf. Ein Blockfeld ist noch zu überwinden, über das der Weg nach links schwenkt, um südlich unter dem Gipfel vorbeizuführen und dann wieder seinen schnurgeraden Lauf – nun bergab – fortzusetzen.

Zuvor geht man steil hinauf zum Gipfel der **Hohen Liebe** (3 Std.). Ob-

Blick von der Hohen Liebe zu den Affensteinen

wohl er aus Sandstein besteht, unterscheidet sich dieser Berg durch seine Kegelform von seinen Nachbarn. Durch geologische Vorgänge wurden hier die ursprünglich waagerechten Schichten bis zu 30 Grad nach Südsüdosten schräg gestellt und aneinander geschoben, was an schmalen Rutschstreifen an den Felsbänken zu sehen ist. In der Druckrichtung verläuft bogenförmig vom Gipfel die Teufelsmauer den Südwesthang hinab.

Auf dem Gipfel wurde 1920 ein Ehrenmal für im Krieg Gefallene und in den Bergen tödlich verunglückte Bergsteiger errichtet.

Auf dem Oberen Liebenweg begeben wir uns durch die Teufelsmauer hindurch und in nordwestlicher Richtung weiter, bis wir aus dem Wald heraustreten und auf die Ebenheit der Ostrauer Scheibe blicken. Von links kommt die Autostraße aus dem Zahnsgrund herauf, auf der wir geradeaus und ansteigend nach **Ostrau** gelangen (3.30 Std.) und dabei die großartige Rundsicht genießen. Am Ortseingang biegen wir rechts in die Dorfstraße hinab, nach 100 m an ihrer platzartigen Erweiterung wieder rechts und gehen danach links die Straße am Ostrauer Berg zur Ostrauer Brücke über die Kirnitzsch hinunter. Nur 200 m benutzen wir nach links die Kirnitzschtalstraße, dann kehren wir auf das letzte Stück des Flößersteiges bzw. auf das linke Ufer zurück und durchschreiten das Gelände des Kurparks. Ein letztes Mal überquert man in **Bad Schandau** die Kirnitzsch. Der Kirchturm markiert den Markt, von dem man nach links zur Elbpromenade gelangt. An ihr legen die Schiffe der Dampfschifffahrtsgesellschaft und die Fähre an, die schräg stromabwärts den 1,2 km entfernten Bahnhof ansteuert. Die Elbpromenade endet flussabwärts am Parkplatz und Busbahnhof. Mit Bahn oder Bus kann man nach Sebnitz zurückfahren (4.30 Std.).

Panoramaweg überm Gebirge

Von Sebnitz auf dem Alfred-Meiche-Weg nach Hinterhermsdorf
Nach dem Aufstieg aus dem Sebnitztal wandert man bequem auf einem Terrassenhöhenweg am Thomaswald entlang, blickt auf die Sächsische Schweiz hinab und von der Wachbergbaude auch nach Böhmen hinüber.

DIE WANDERUNG IN KÜRZE

\+ Anspruch

3 Std. Gehzeit

12 km Länge

Charakter: Leichte, schöne Streckenwanderung

Wanderkarten: LVermA, TK 25, Nr. 45. Ab Wachberg auch: R. Böhm, WK 10, Hinterhermsdorf und die Schleusen

Einkehrmöglichkeiten: Sebnitz, Waldhaus, Wachbergbaude, Hinterhermsdorf

Anfahrt: Mit dem PKW: Pirna–Hohnstein–Sebnitz; Neustadt/Sachs–Sebnitz; Pirna–Bad Schandau–Sebnitz; Hinterhermsdorf–Saupsdorf–Sebnitz. **Mit der Bahn:** Strecke 248 Bad Schandau–Sebnitz–Neustadt/Sachs–Bautzen. **Mit dem Bus:** Linie 237 Pirna–Hohnstein–Sebnitz; Linie 260 (Pirna–)Bad Schandau–Sebnitz; Linie 261 Dresden–Stolpen–Neustadt/Sachs–Sebnitz; Linie 268 Hinterhermsdorf–Saupsdorf–Sebnitz

Rückfahrt: Mit dem Bus: Linie 268 Hinterhermsdorf–Saupsdorf–Sebnitz

An der oberen Ecke des Marktplatzes von **Sebnitz** lenkt uns die Markierung blauer Strich, an der wir uns bis ans Ziel der Tour orientieren, am Rathaus links in die Kirchgasse und an der Kirche vorbei die Bergstraße hinauf. Kurz oberhalb der Gaststätte Zum Bergkeller weitet sich die Straße leicht platzartig. Hier muss man rechts zwischen Gärten steil hinauf. An den nächsten zwei Weggabelungen wieder rechts hinauf, erreicht man den Ausgang des Bergsteiges und mit ihm nach links die Tannertstraße (30 Min.). Rechts liegt die **Grenzbaude** etwa 130 m über dem Talkessel der Stadt. Im 19. Jh. als Gaststätte Grenadierburg errichtet, später Grenzbaude genannt, wurde sie in den 80er Jahren zu einem zentralen Kinder- und Jugendheim neu und großzügig ausgebaut.

Die Tannertstraße wird geradeaus überschritten. Hier beginnt der Dr.-Alfred-Meiche-Weg, der auf den Wald zuläuft. Nach leichtem Anstieg des Meiche-Weges öffnet sich der Blick auf den oberen Teil von **Hertigswalde,** ein in die Stadt eingemeindetes Reihendorf der mittelalterlichen Kolonisationsperiode. Der Wald bleibt zurück und auf halber Höhe am Hang des Buchberges schreitet man durch die Wiesen. Noch vor dem oberen Ende des bebauten Tals läuft der Weg auf einen

Garten zu, biegt vor ihm nach rechts unten am Zaun entlang ab, dann gleich wieder links und nochmals rechts auf die Autostraße hinunter (1 Std.). Nur 90 m geht man auf dieser links aufwärts, biegt dann rechts auf einen Anliegerweg ab, der zwischen Wohn- und Gewerbebauten sowie Wiesen nach 500 m erneut die Autostraße erreicht. 110 m nach rechts vollends zur Höhe hinaufgehend, steht man an der **Gaststätte Waldhaus** (1.15 Std.), wo die Alte Hohe Straße kreuzt.

Von der Kreuzung geht man 450 m die Autostraße in Richtung Saupsdorf hinab. Nach dem Ortsausgangsschild – dort wo die Straße eine leichte Linkskurve beschreibt – wenden wir uns im spitzen Winkel nach links hinauf zum Waldrand. Über die Felder hinweg blickt man weit übers Land. Später senkt sich der Weg in ein kleines Quertal, in dem rechts die Gebäude der einstigen Waldmühle liegen.

Der Dr.-Alfred-Meiche-Weg führt geradeaus im Wald hinauf. Aus dem Thomaswald plätschert ein kleines Bächlein herab, über das wir hinwegsteigen, den Wald betreten und rechts über Baumwurzeln bergan wandern. Je höher man kommt, desto mehr Gesteinstrümmer liegen umher. Ein Stück Hohlweg bildet sich aus. In 20 m Entfernung steht links ein weißer Stein, der die deutsch-tschechische Grenze markiert. Wir folgen dem Weg nach rechts und gehen, nachdem wir die Höhe 487,3 m erreicht haben, eben und bequem geradeaus über eine Waldlichtung hinweg weiter.

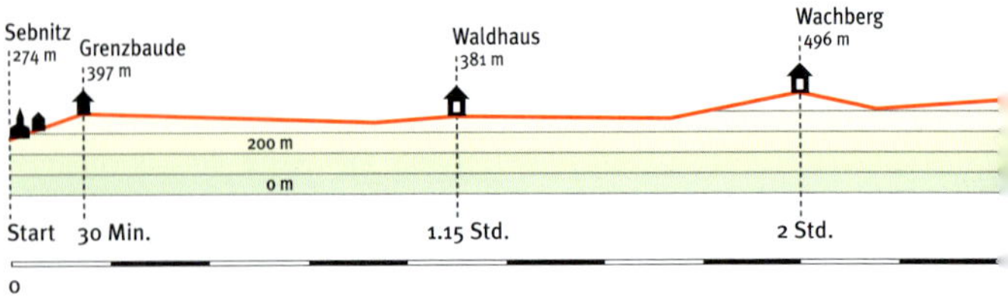

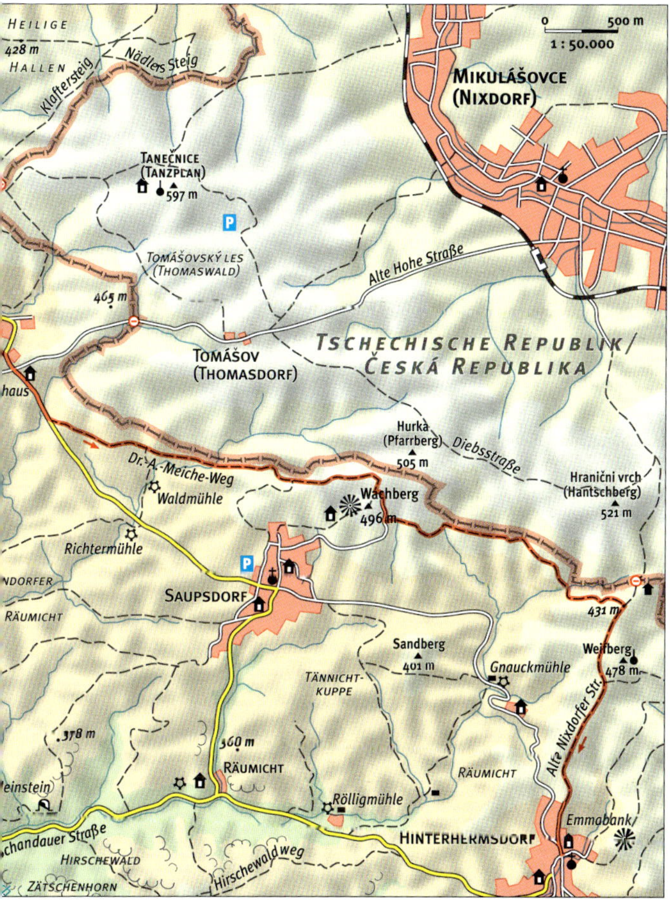

60 m nach der Waldwiese kommt man auf eine Kreuzung. Der Weg nach links endet nach 100 m am Grenzstein Nr. 14. Wir gehen nach rechts hinunter und erreichen nach 250 m den **Wachberg** (s. Abb. S. 76) mit seinem Gasthaus, wobei die letzten Meter auf dem Fahrweg wieder ansteigen (2 Std.).

Man verlässt den Wachberg nach rechts die Straße hinab. Kurz vor dem linken Waldrand folgen wir dem Wanderweg nach links durch den Wald. Er läuft in abwechlungsreichen Partien am und im Grenzwald fort. Nach 600 m bergab fließt ein Waldbächlein über den Weg, der

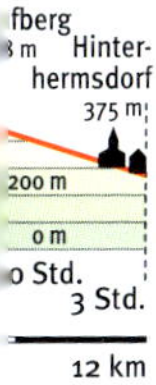

vom hölzernen Steg am Grenzstein 15/10 wieder steil aus der Schlucht hinaufführt, bis man auf den Wiesen erneut Fernsicht hat. Weitere Quertäler zwingen den Weg mal steiler, mal sanfter bergab und bergan. Links wird er wiederholt von Grenzsteinen flankiert.

Nachdem der Weg aus dem Tal des Grenzbaches, eines nur schwachen Wässerchens, nach rechts herausgestiegen ist, kreuzt er an der Wanderhütte die geschotterte **Alte Nixdorfer Straße.** Sie war Teil einer jahrhundertelang benutzten Fernverkehrsstraße nach Böhmisch-Kamnitz, Schluckenau und in die Oberlausitz und bis 1542 auch Kirchweg der Hinterhermsdorfer nach Nixdorf. 1945 wurde die Straße am Grenzstein Nr. 17 durch einen Schlagbaum gesperrt, 1996 als Fuß- und Radweg für Wanderer wieder geöffnet. Wir folgen der Alten Nixdorfer Straße jedoch nach rechts und gehen rechts am bewaldeten **Weifberg** vorbei. Ein neuer Aussichtsturm lädt zur Besteigung ein. Hinterhermsdorf im Talkessel ist nur noch 30 Min. entfernt und indem man abwärts wandert, öffnet sich mehr und mehr der Blick nach Osten und Westen.

Umgebindehaus in Hinterhermsdorf

Am ersten Haus von **Hinterhermsdorf** geht man geradeaus auf der Weifbergstraße bergab, die auf den Platz am Gasthof Erbgericht mündet, an dem sich auch die Bushaltestelle und das ›Haus des Gastes‹ befinden (3 Std.).

Tanzplan (Tanečnice)

1996 wurde im Sebnitzer Wald nach einem halben Jahrhundert wieder ein Grenzübergang für Wanderer zum Tanzplan (597 m) geöffnet, dem höchsten Berg im böhmischen Thomaswald. Von seinem 26 m hohen Aussichtsturm von 1905, neben dem auch eine Berggaststätte betrieben wird, hat man bei klarer Sicht einen faszinierenden Rundblick bis zum Iser-, Riesen- und Erzgebirge. Der Weg dorthin ist in Sebnitz vom Busbahnhof Schillerstraße und von der Kirchgasse am oberen Ausgang des Marktes mit der Markierung gelber Strich gekennzeichnet. Auf der Alten Hohen Straße am Waldhaus vorbei und über Tomášov (Thomasdorf) gelang man ebenfalls zum Tanzplan hinauf. Ein dritter Übergang ist am Weifberg die Alte Nixdorfer Straße, die auf tschechischer Seite nach links über die Diebsstraße (Forstweg) zum Tanzplan hinauf oder geradeaus nach Mikulášovic (Nixdorf) führt.

Zwischen Himmel und Erde

Von Bad Schandau über die Schrammsteine und den Großen Winterberg nach Schmilka

Stark zerklüftete, bizarre Sandsteinmassive mit Gipfelaufstiegen, Grate mit weiten Rundblicken über die einzigartige Felslandschaft und Wege über tiefen Schluchten mit senkrechten Abstürzen sind die Erlebnisse dieser Tour.

DIE WANDERUNG IN KÜRZE

+++ Anspruch

5 Std. Gehzeit

15 km Länge

Charakter: Sehr anspruchsvolle Wanderung mit steilen Auf- und Abstiegen, zum Teil über Stufen und Leitern und auf schmalem Pfad über Senkrechtabgründen, aber stets gut gesichert.

Wanderkarten: LVermA, TK 25, Nr. 45 und WK 10, Schrammsteingebiet; R. Böhm, WK 10, Schrammsteine, Affensteine

Einkehrmöglichkeiten: In Bad Schandau und Ostrau, auf dem Großen Winterberg, in Schmilka

Anfahrt: Mit dem PKW: B 172 Pirna–Königstein–Bad Schandau; Hohnstein–Bad Schandau; Neustadt/Sachs –Sebnitz–Bad Schandau; Hinterhermsdorf–Bad Schandau. **Mit der Bahn:** S-Bahn Meißen–Dresden–Bad Schandau–Schöna. **Mit dem Bus:** Linie 241 Pirna–Königstein–Bad Schandau; Linie 244 Cunnersdorf–Papstdorf–Bad Schandau; Linie 260 Sebnitz–Bad Schandau

Rückfahrt: Mit der Bahn: S-Bahn. **Bus:** Linie 255 Schmilka–Bad Schandau

Vom Marktplatz in **Bad Schandau** geht man an der Kirche vorbei in die Kirch- und Poststraße, über den Kirnitzschbach hinweg zum Hotel Lindenhof an der Ecke Badallee/B 172. 100 m von dieser Ecke entfernt steigt man in der Badallee rechts zwischen den Häusern zunächst eine Treppe, dann den Lutherweg steil am Hang hinauf, vorbei am Luther-Denkmal. An der Weggabelung bleibt man links und gelangt auf die Ebene Ostrauer Scheibe und in die Ortsteile Neuschandau und **Ostrau.**

Variante: Wer den Aufstieg scheut, geht vom Hotel Lindenhof auf der B 172 5 Min. stadtauswärts und kommt links zum 1904 erbauten elektrischen Personenaufzug, der die 50 m Höhenunterschied bequem überwindet. Seine obere Plattform bietet einen günstigen Blick auf Stadt und Elbtal. Durch den Wald rechts hinauf erreicht man ebenfalls Ostrau.

Alte Bauernhöfe, Pensionen, Ferienheime, eine moderne Kuranstalt, Vil-

len und Einfamilienhäuschen stehen hier oben. Der eiszeitliche Lößlehm ließ in der Siedlungszeit die Anlage eines deutschen Dorfes für sieben Höfe zu. Mit knapp 100 Bewohnern führte Ostrau bis zum Ende des 19. Jh. ein recht abgeschiedenes Dasein. Doch gerade die exponierte Lage mit weiter Rundsicht ließ um 1900 den ehrgeizigen Plan aufkommen, hier oben ein exklusives Touristenzentrum mit Sportstätten und Flugplatz zu schaffen. Aber schließlich wurde nur der Personenaufzug gebaut, und die Holzvillen im skandinavischen Stil am Ostrauer Ring entstanden. In bescheidenerem Maße als geplant hielt dennoch der Fremdenverkehr Einzug.

Wenn man die Höhe erreicht, geht man rechts am nur einseitig bebauten Ostrauer Ring und am Rand des bewaldeten Steilhanges entlang in östlicher Richtung, vorbei an Feuerlöschteichen, bis zur Straßengabelung im Oberdorf. Hier müssen wir halbrechts auf der Straße über die Ebene weiter. Vor uns erheben sich im Mittelgrund imposant der Falkenstein und die Reihe der Vorderen Schrammsteine, die unser nächstes Wanderziel sind. Die Straße neigt sich nach 1 km rechts in den Wald hinab. An ihrer zweiten Rechtskurve verlassen wir sie, gehen geradeaus die breite Forststraße, **Wenzelweg** genannt, bergan, links am überhängenden Felsen Großer Backofen vorbei (1 Std.). Nach knapp 1 km kommt man zum Wegestern am Scheidebörnel. Hier biegt man nach rechts ab auf den Elbleitenweg (ohne Markierung).

Rechts neben unserer Wanderroute steht der mächtige, 80 m hohe **Falkenstein.** Im Mittelalter trug er eine Burganlage der Wildensteiner Raubritter. Hier begann 1864 erstmals in der Geschichte die Felskletterei als Selbstzweck, aus dem heraus die Sportdisziplin des Bergsteigens entstand.

Der Elbleitenweg läuft an den **Vorderen Schrammsteinen** entlang. Ihr

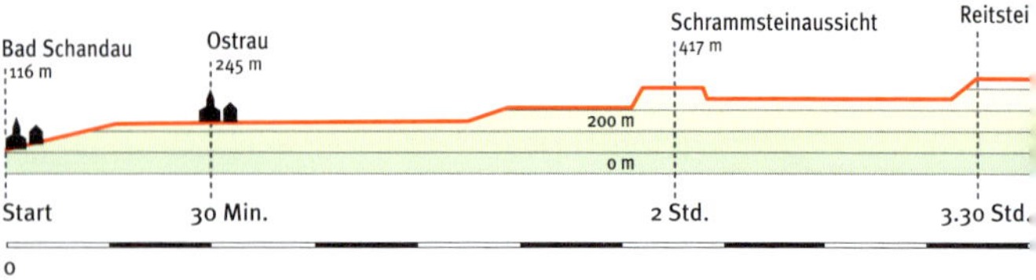

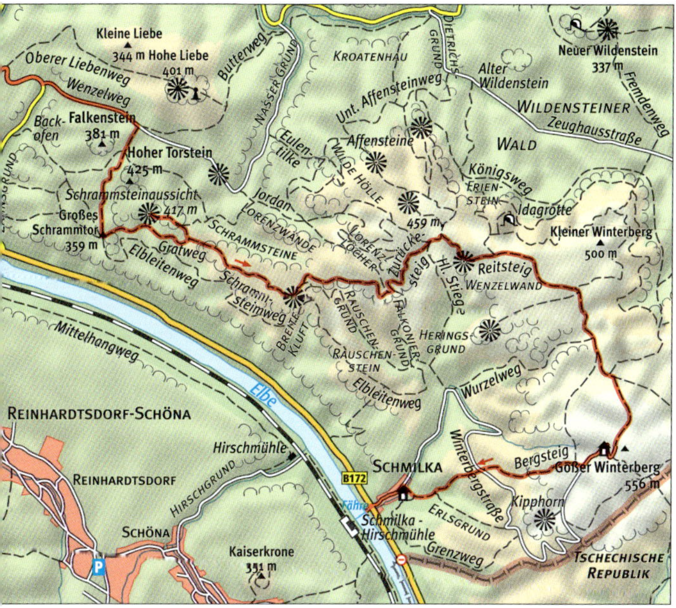

erster Felsstock ist der Hohe Torstein. Zunehmend löst sich von ihm aus die Felskette in einzelne, urtümlich wirkende Gruppen und Pfeiler auf. 400 m nach dem Hohen Torstein erreicht man das **Große Schrammtor,** zu dem von rechts zwei Wanderwege heraufkommen. Hier verlassen wir den Elbleitenweg. Nach links über einen Bohlenweg und über Felstrümmer durchschreitet man diese Lücke zwischen den Felsen. Von hier an bis zum Fuße des Großen Winterberges folgt nun unsere Wanderung dem blauen Strich. Jenseits des Großen Schrammtores läuft nach links die Vordere Promenade am Fuß der Felsen entlang. Nach 5 Min. muss der bequeme Weg verlassen werden.

Nach links klettert man den **Wildschützensteig** in enger Felsschlucht hinauf. Dort, wo sie ausläuft, geht es auf dem Grat nach links bis zur Gipfelhöhe der **Schrammsteinaussicht** weiter (2 Std.). Bei guter Fernsicht ist der Rundblick das große Erlebnis dieser Wanderung. Man steht 302 Höhenmeter über dem Elbspiegel. Vor und unmittelbar unter uns breiten sich die Vorderen Schrammsteine mit ca. 30 markanten Einzelgipfeln aus, begrenzt vom Hohen Torstein im Norden und dem Vorderen Torstein im Süden. Im Nordwesten ist der Falkenstein vorgelagert. In gebrochenen Linien, stark verwittert und zerklüftet, setzen sich die Schrammsteine gegen Südosten

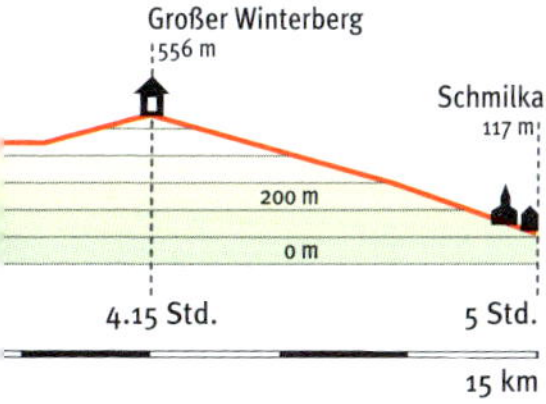

Blick über den Rauschengrund, dahinter Zirkelstein und Kaiserkrone

fort, bis sie an die Lorenzwände und die Affensteine anschließen. Unsere Blicke folgen der Elbe weit nach Böhmen hinein und zu fernen Horizonten.

Von der Aussicht kehrt man wieder zurück, ohne jedoch nach links oder rechts abzusteigen. Geradeaus gelangt man über eine eiserne Treppe in einen ausgeprägten Sattel des Grates. Auch hier darf man nicht nach rechts über die Leiter des Jägersteiges hinab, sondern steigt geradeaus mit Hilfe von eisernen Griffen und eingeschlagenen Tritthilfen zur anderen Seite und zum **Gratweg** hinauf.

Da der hier bewaldete Grat stark zerklüftet ist, läuft der Weg links oder rechts an Felsen vorbei. Nach 1,2 km auf dem Gratweg – später heißt er **Schrammsteinweg** – öffnet sich rechts über tiefem Abgrund die Sicht in die **Breite Kluft** und auf die Elbe bis Herrnskretschen. Links stehen am Abgrund der Breitekluftturm (Kletterfelsen) und die Reihe der Gipfel am mächtigen Rauschenstein.

Weiterwandernd kommt man an der linker Hand liegenden Schlucht Lehne vorbei, über der sich die Lorenzwände erheben, passiert einen kurzen Felsgang, umgeht in einer S-Kurve den Ausläufer des Wilden

Grundes (Lorenzlöcher) und gelangt in einen Felswinkel. Während hier der Schrammsteinweg nach links abschwenkt, müssen wir rechts die Leiter zum **Zurückesteig** hinauf (blauer Strich).

Bergauf und bergab, links und rechts schwenkend überwindet man stark zerklüftete Felsareale mit reizenden Durchblicken in die Landschaft. Nach 500 m kreuzt der Zurückesteig wieder den Schrammsteinweg, der steil von links mit der Markierung gelber Strich heraufkommt, während rechts die Heilige Stiege in den Heringsgrund absteigt.

Unsere Wanderroute läuft geradeaus über das Wegekreuz hinweg und noch einmal steil bergan. Oben endet der Zurückesteig am **Reitsteig** (3.30 Std.). Man befindet sich auf dem Plateau-Ausläufer des Langen Horns der Affensteine und geht nach rechts weiter. Nach 150 m und erneut 350 m auf dem Reitsteig versäume man nicht, nach rechts am jeweiligen Abgrund entlangzugehen und in den Heringsgrund hinein und über das Elbtal hinweg bis zum Hohen Schneeberg am Horizont zu schauen. An der zweiten Stelle kann man weit nach rechts gehen, ist nur wenige Schritte von den Gipfeln Gerbingspitze, Fluchtwand und Neue Wenzelwand entfernt. Man kehrt auf den Reitsteig zurück und folgt ihm erneut nach rechts.

Der Reitsteig vereint sich nach 1 km mit dem von links kommenden Oberen Fremdenweg an einem alten steinernen Wegweiser. Breit zieht der Weg rechts weiter. Nach 450 m wird eine Kreuzung erreicht, **Wurzel** genannt.

Über die Wurzel läuft unser Weg nun geradeaus und leicht ansteigend hinweg. 300 m weiter beginnt der Aufstieg auf dem breiten steinigen Weg (blauer Strich, roter Punkt und grüner Strich) zum Gipfel des **Großen Winterberges** (4.15 Std.).

Mit 556 m ist der durch vulkanische Gesteinsschmelze entstandene breit gewölbte Basaltrücken der höchste Gipfel der rechtselbischen Sächsischen Schweiz. Bereits 1819 gab es auf ihm eine Bewirtung für Wanderer, aus der das Berghotel erwuchs.

Für den Abstieg wählen wir den steilen **Bergsteig** nach Schmilka. Zunächst benutzt er 400 m die Winterbergstraße in ihrer S-Kurve abwärts und biegt danach rechts von ihr ab (grüner Strich). 60 m weiter quert er den breiten Forstweg Weiberfähre, wird steinig und steil und muss über Holzstiegen geführt werden. Der Bergsteig überschreitet auch die Winterbergstraße weiter unten, vereinigt sich später mit dem Weg aus dem Erlsgrund, quert den Grenzweg und kommt dann über Stufen zum oberen Ortsende von **Schmilka** (5 Std.).

Kleine Fachwerkhäuschen bestimmen noch heute das malerische Bild des Ferienortes. Einst wohnten hier neben dem Müller nur Köhler, Pechsieder und Waldarbeiter. Die Abgeschiedenheit schwand mit der Eisenbahn, den Ausflugsdampfern und der deutsch-tschechischen Grenzstation. Doch beeinträchtigt der Lärm des Durchgangsverkehrs auf Straße, Fluss und Schiene nur die Häuser an der Elbe und dringt kaum in das tief eingeschnittene Quertal hinauf.

Mit Bus oder Bahn kann man nach Bad Schandau zurückfahren. Der Haltepunkt Schmilka-Hirschmühle der S-Bahn liegt auf der linken Seite der Elbe und wird mit der Fähre erreicht.

Dom und Hölle

Vom Lichtenhainer Wasserfall auf Klettersteigen kreuz und quer durch die Affensteine

Auf- und Abstiege an senkrechten Felswänden und durch Kamine, hautnahe Begegnung mit dem Sandstein, Gipfel und Grate mit traumhaften Aussichten – das sind die Höhepunkte dieser Tour.

DIE WANDERUNG IN KÜRZE

+++ Anspruch

4.30 Std. Gehzeit

13 km Länge

Charakter: Schwierig, da zwei kurze Klettersteige an ausgesetzten Steilwänden und in einem Kamin sowie Felspfade in ständigem Auf und Ab zu bewältigen sind. Die Tour ist ungeeignet für kleinere Kinder und Senioren.

Wanderkarte: LVermA, WK 10, Schrammsteingebiet; R. Böhm, WK 10, Schrammsteine, Affensteine

Einkehrmöglichkeiten: Gasthaus Lichtenhainer Wasserfall

Anfahrt: Mit dem PKW: Pirna–Königstein–Bad Schandau–Hinterhermsdorf; Neustadt/Sachs –Sebnitz–Bad Schandau oder Ottendorf–Lichtenhainer Wasserfall. **Mit der Bahn:** Kirnitzschtalbahn Bad Schandau–Beuthenfall–Lichtenhainer Wasserfall. **Mit dem Bus:** Linie 241 Pirna– Königstein–Bad Schandau–Beuthenfall–Lichtenhainer Wasserfall–Hinterhermsdorf

Ausgangs- und Endpunkt dieser Tour ist der **Lichtenhainer Wasserfall.** Am gleichnamigen Gasthaus endet die Kirnitzschtalbahn, hier befindet sich eine Bushaltestelle und ein Parkplatz. Man geht auf der Autostraße an der **Kirnitzsch** 600 m abwärts bis zum **Beuthenfall** und verlässt das Tal links über die Brücke zum **Dietrichsgrund** hinauf (roter Strich). 600 m oberhalb der Brücke halte man sich an der Gabelung rechts bergauf, 200 m danach erneut nach rechts auf die **Untere Affensteinpromenade.** Links steht über dem Wald das Massiv der Affensteine.

Dort, wo der Weg einen Scheitelpunkt erreicht und rechts am Rand ein Felsbrocken liegt, nehme man nach links den Weg zum **Bloßstock**

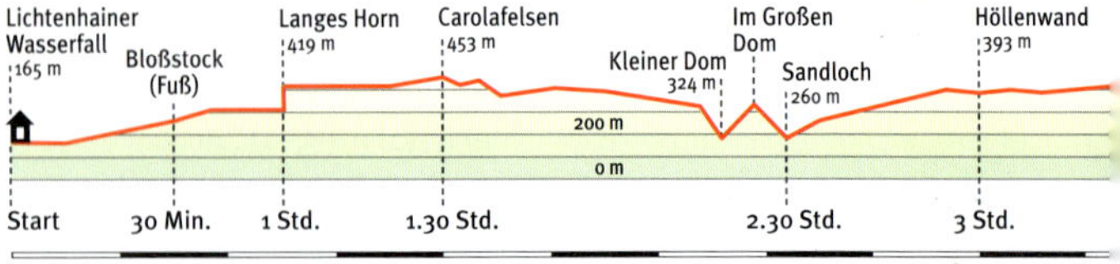

hinauf (30 Min.). An seiner Wand verlässt man den roten Strich und geht nach rechts um ihn herum über Holzstiegen an der linken Felswand hinauf.

Man befindet sich nun in der hufeisenförmigen Felsschlucht **Großes Bauerloch,** in das sich früher in Kriegszeiten Lichtenhains Dorfbewohner flüchteten. Man muss an den Wänden links hinauf, bis eine Holzleiter links zu einer Felslücke steil aufsteigt und uns zum Anstieg der **Häntschelstiege** bringt (grüner Pfeil bis Zurückesteig). Sie ist als kurzer Klettersteig mit Eisen und Stahlseilen installiert. Die untersten drei Tritte am Fels sind die schwierigsten, um Ungeübte fernzuhalten. Nach der letzten Seillänge geht es rechts am Steilhang zur **Oberen Affensteinpromenade** hinauf, die auf dieser Felsetage die Affensteine umrundet. Wir überqueren sie hier jedoch nur geradeaus, gehen wenige Schritte zu einem engen Felsriss hinauf und in ihn hinein. Über uns befindet sich im Felsspalt der **Kaminausstieg.** Wieder beginnt er erst etwas schwierig. Nach wenigen Zügen erreicht man fest montierte Eisenleitern, die uns auf den Felsgrat **Langes Horn,** 170 m über dem Grund, bringen (1 Std.).

Geradeaus wandert man nun auf felsigem Weg über das schmale, bewaldete Plateau des Langen Horns. Nach 900 m erreicht man eine Gabelung. Hier biegen wir im spitzen Winkel nach rechts oben Richtung Carolafelsen ab. (Hat man den Abzweig übersehen, kommt man auf eine Kreuzung, geht von dort nochmals 50 m zurück und dann links hinauf.) Nach kurzem Anstieg fällt der Pfad nach links steil in die Wilde Hölle ab. Nach wenigen Schritten führt eine Holzleiter links zum **Carolafelsen** hinauf. Oben folgen wir dem kurzen Pfad bis zur Aussicht und blicken in die Schlucht Großer Dom hinab (1.30 Std.).

Zurück an der Kreuzung fällt steil nach rechts der **Zurückesteig** mit blauem Strich ab, dem wir aber nur 200 m bis zur nächsten Kreuzung folgen und dann mit dem gelben Strich den **Schrammsteinweg** steil nach rechts hinab wählen. Nach weiteren 200 m geht man an der Gabelung links zu einem stark verwitterten Felsareal hinauf, dessen Gipfel so sprechende Namen wie Zerborstene Scheibe, Zerborstene Wand und Zerborstene Türme tragen. An einer Nordwestkante umgeht man nach links den Felsen Trabant. Dahinter, links des Weges, steht unter einer gewaltigen Buche das **Kleine Prebischtor,** ein natürliches Felsentor. Der Weg schwenkt nochmals links, dann rechts. An der nächsten nahen Gabelung unter dem Fels **Wackerzacke** bleibt man rechts, geht danach geradeaus. 200 m nach der Gabelung schwenkt unser Weg scharf nach rechts und fällt steil über Stufen hinab. Bevor man die Höhe verlässt, sollte man noch 100 m geradeaus weiter bis zur Ecke am Abgrund vor dem Fels Domerker gehen und dort die Aussicht bewundern. Zurück am Abzweig steigt man nun mit dem gelben Strich in die hinterste Ecke des **Kleinen Doms** hinab (2 Std.). Hier sieht man nun die Wände und Gipfel auf engem Raum aus der Froschperspektive, wo sie impo-

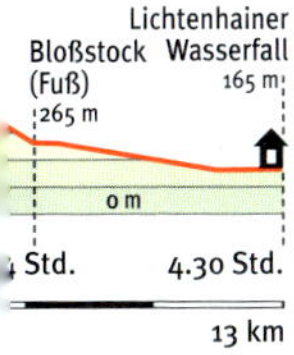

sante, alle paar Meter veränderte Ansichten bieten.

Am unteren Ende des Kleinen Doms trifft man unter den Felskegeln Domwächter und Rohnspitze auf eine Gabelung. Rechts hinauf machen wir (ohne Markierung) einen kurzen Abstecher in den **Großen Dom.** Auf dem Rückweg fällt rechts über uns die hohe und glatte Höllenwand auf, deren Grat unser nächstes Ziel sein wird.

An der Gabelung am Ausgang beider Dome geht es geradeaus nochmals mit dem gelben Strich durch das **Sandloch** (2.30 Std.) zu einem Wegestern hinab. Hier verlassen wir den Sandlochweg und wandern ganz rechts mit dem grünen Punkt den **Zeughausweg** hinauf. Dort, wo er nach einer Rechtskurve einen Scheitelpunkt erreicht und wieder zu fallen beginnt, verlassen wir ihn und gehen auf dem **Höllweg** ohne Markierung nach rechts. Vorerst allmählich, dann immer steiler ansteigend kommt man in eine Felsenecke, **Hölle** genannt. Zwischen Höllenwand rechts und Höllenturm links steigt man im Zickzackkurs auf eine schmale Hochfläche hinauf. Oben wendet man sich sogleich nach rechts zum Grat der **Höllenwand** hinüber, geht 10 Min. auf ihm bis zum 130 m tiefen Abgrund an der Westkante am Fels **Sandlochwächter** vor, wo die Aussicht gegen Westen und Norden besonders malerisch ist (3 Std.).

Zurück am Plateau gehen wir 50 m leicht nach rechts und kommen zu einer Gabelung. Hier nehmen wir den Weg nach links, der bald rechtsschwenkend auf eine Kreuzung bei Höhe 389 m im oberen Teil der steil abfallenden Schlucht Wilde Hölle mündet. Wir bleiben auf gleicher Höhe und verlassen die Kreuzung

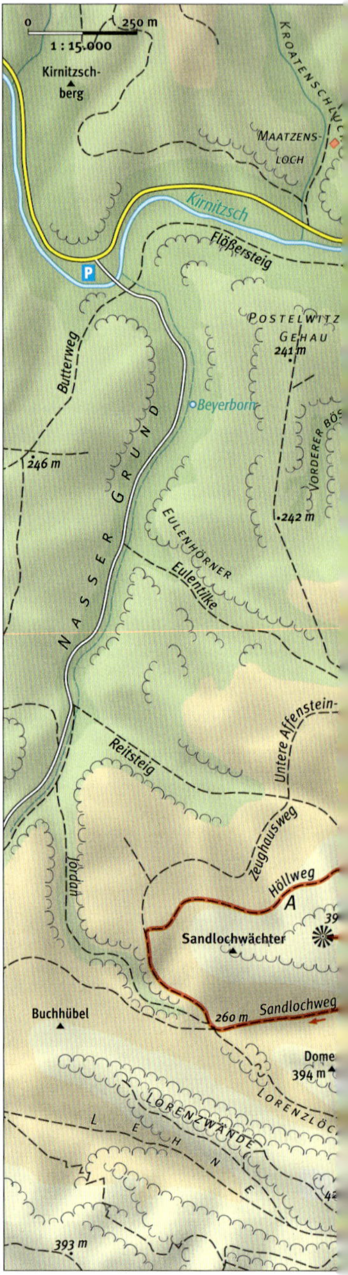

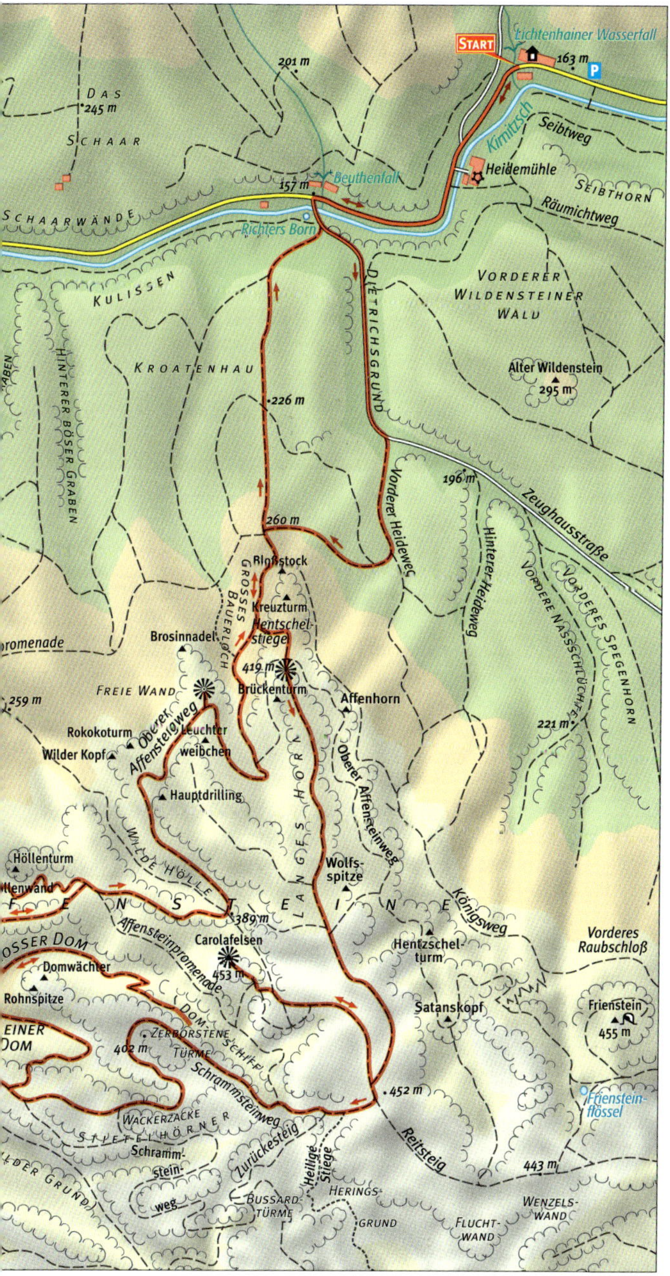

Lichtenhainer Wasserfall
START
163 m
P
201 m
Das
245 m
Schaar
Kirnitzsch
Seibtweg
Heidemühle
Beuthenfall
157 m
Seibthorn
Räumichtweg
Schaarwände
Richters Born
Kulissen
Dietrichsgrund
Vorderer Wildensteiner Wald
Kroatenhau
Hinterer Böser Graben
Alter Wildenstein
295 m
226 m
196 m
Zeughausstraße
Vorderer Heideweg
Hinterer Heideweg
260 m
Bloßstock
Großes Bauerloch
Vordere Nassschlüchte
Vorderes Spegenhorn
Kreuzturm
Hentschel-stiege
promenade
Brosinnadel
419 m
Brückenturm
Affenhorn
259 m
Freie Wand
221 m
Rokokoturm
Oberer Affensteigweg
Leuchter-weibchen
Wilder Kopf
Hauptdrilling
Langes Horn
Oberer Affensteinweg
Höllenturm
Wilde Hölle
Wolfs-spitze
Affensteine
Königsweg
389 m
Affensteinpromenade
Carolafelsen
Hentzschel-turm
Vorderes Raubschloß
Domwächter
453 m
Rohnspitze
Dom-Schiff
Satanskopf
Frienstein
455 m
Zerborstene Türme
402 m
Schrammsteinweg
452 m
Frienstein-flössel
Wackerzacke
Stiefelhörner
Zurückesteig
Reitsteig
Schramm-stein-weg
Heilige Stiege
443 m
Bussard-türme
Herings-grund
Wenzels-wand
Flucht-wand

Blick vom Carolafelsen am Abend

ebenfalls nach links auf den **Oberen Affensteinweg** (grüner Pfeil). Er steigt bald leicht an, schwenkt später nach rechts zwischen Gipfel wie Wilder Kopf und Brosinnadel links und Beelzebub und Leuchterweibchen rechts ein (3.30 Std.). Links öffnet sich der Blick in das Große Bauerloch hinab und auf die gegenüberliegenden Felswände hinüber, wo wir über die Häntschelstiege hinaufgeklettert sind. Danach senkt sich unser Weg bis in die hinterste, oberste Ecke der Felsschlucht hinab. An seinem tiefsten Punkt, noch bevor er wieder leicht ansteigend zu den rechten Wänden weiterläuft, verlassen wir den Oberen Affensteinweg sehr steil nach links hinab. Über Felstrümmer müssen wir auf dem stark ausgetretenen Pfad zur Wand nach links hinüberkraxeln, bis wir an einer steilen Holzleiter stehen.

Hier beginnt der kurze Klettersteig **Zwillingsstiege.** Die Leiter führt in einen Felsriss hinauf. Über eingelassene Hölzer durchsteigt man ihn und klettert mit Hilfe von eisernen Griffen und Tritten mit dem Gesicht zur senkrechten Wand (also rückwärts) hinab, wobei man auch Vertiefungen im Sandstein für Finger und Füße suchen und nutzen muss, wo die künstlichen Hilfsmittel nicht erreichbar sind. Ruhe und Konzentration sind hier nötig! Auf sicherem Boden im **Großen Bauerloch** angelangt, wandern wir nach rechts zur anderen Schluchtseite hinüber und zum Teil auf Holzstiegen zum **Bloßstock** hinab (4 Std.). Wir kreuzen die Untere Affensteinpromenade an dem dort liegenden Felsbrocken und gehen geradeaus ohne Markieung im Wald **Kroatenhau** hinab. Das letzte Stück zieht steil und steinig in das untere Ende des Dietrichsgrundes hinein. Die breite Forststraße nach links hinab endet an der Brücke am **Beuthenfall** und an der **Kirnitzsch.** Die Autostraße rechts aufwärts bringt uns zum **Lichtenhainer Wasserfall** zurück (4.30 Std.).

Die Raubritter vom Wildenstein

Vom Lichtenhainer Wasserfall zum Neuen Wildenstein, Kleinen Winterberg und Frienstein

Wald und Sandstein in siedlungsfreiem Naturraum, von mittelalterlicher Geschichte umwittert, Fernsichten und ein Terrassenhöhenweg über Abgründen, der in einer großen Höhle endet, werden zu einem Wandergenuss.

DIE WANDERUNG IN KÜRZE

++
Anspruch

3.30 Std.
Gehzeit

11 km
Länge

Charakter: Einfache Halbtageswanderung, aber mit steilen An- und Abstiegen über Stufenanlagen und einem Felspfad am Abgrund entlang

Wanderkarte: LVermA, WK 10, Schrammsteingebiet; R. Böhm, WK 10, Schrammsteine, Affensteine.

Einkehrmöglichkeiten: Gaststätte Lichtenhainer Wasserfall, Kuhstall am Neuen Wildenstein

Anfahrt: Mit dem PKW: Pirna–Königstein–Bad Schandau–Hinterhermsdorf; Neustadt/Sachs–Sebnitz–Bad Schandau oder Ottendorf–Lichtenhainer Wasserfall. **Mit der Bahn:** Kirnitzschtalbahn Bad Schandau–Beuthenfall–Lichtenhainer Wasserfall. **Mit dem Bus:** Linie 241 Pirna– Königstein–Bad Schandau–Beuthenfall–Lichtenhainer Wasserfall–Hinterhermsdorf

Die Wanderung beginnt im Kirnitzschtal am **Lichtenhainer Wasserfall,** wo der 1854 erbaute gleichnamige Gasthof steht. Eine Brücke führt über den klaren, mit Forellen besetzten Gebirgsbach. Ein Wanderweg steigt rechts zum Neuen Wildenstein und der Felsenhöhle Kuhstall empor (roter Punkt). Nach 1 km kreuzt der Hintere Kuhstallweg. Rechts befindet sich auf erhöhter Terrasse die Quelle Münzborn. Man geht geradeaus weiter und steigt am nächsten Wegekreuz an einer Felsengruppe die Stufen hinauf, bis das Felsmassiv **Neuer Wildenstein** erreicht wird. Hier befindet sich der **Kuhstall,** eine durch den Felsen hindurchgehende natürliche Höhlung von 17 m Breite, 24 m Tiefe und 11 m Höhe. Den gleichen Namen trägt die daneben stehende Berggaststätte (30 Min.).

Der Wanderer wird das durch Verwitterung entstandene wunderliche Felsentor bestaunen, in das jenseitige Waldtal hinabschauen und dann im Innern des Kuhstalls links am Geländer über wenige Steinstufen durch den zerklüfteten Felsen zur Himmelsleiter gehen und hinaufsteigen. Durch einen tiefen und langen Felsriss führen eiserne Stufen, unter denen noch die mittelalterlichen, in den Felsen gehauenen Steinstufen zu sehen sind, auf das Plateau.

An der Westseite des Burgplateaus steigen wir über Stufen hinab und stehen vor weiteren Felstürmen, dem Felsgang Krumme Karline und dem Schneiderlochfelsen, die ebenso zerklüftet sind wie das Hauptmassiv und mit zur Burganlage gehörten. Darin befinden sich Räuberhöhle, Pfaffenklunst und Schneiderloch, deren Namen wie aus einem Märchen klingen und deren Umfeld wie eine Märchenkulisse aussieht. Von hier führt der Weg an der Gaststätte entlang zum Kuhstall zurück. Links vor seiner Höhlung geht man über Stufen durch die Nasse Schlucht ins Wildensteiner Waldtal (roter Punkt). Nachdem man über die letzte Eisenleiter abgestiegen ist, geht man geradeaus über die Kreuzung an der alten Wegsäule und wandert auf dem **Fremdenweg** (45 Min.) bequem durch den Wald (roter Punkt). Nach einer Rechtswendung queren wir den breiten Forstweg Zeughausstraße, die früher eine Handelsstraße war.

Auf dem Fremdenweg geht es geradeaus weiter. Eine Schutzhütte und die Quelle Eichenborn bleiben rechts am Weg zurück, der forsch ansteigt. Nach 350 m steht man an der Kreuzung Fremdenweg/Königsweg am alten steinernen Wegweiser und dem Forststein Nr. 329. Hier beginnt der Aufstieg zum **Kleinen Winterberg:** Wenige Schritte nach rechts, dann halblinks die Serpentinen hinauf. Nach ca. 20 Min. steilen Aufstiegs erreicht man auf ca. zwei Dritteln der Höhe des Kleinen Winterberges den horizontal verlaufenden **Oberen Affensteinweg** (1.30 Std.).

Schaut man links den Berg hinauf, so entdeckt man zwischen den Baumkronen auf einer Felsklippe einen runden, gemauerten Pavillon. Er erinnert an ein denkwürdiges Jagderlebnis: Hier stellte Kurfürst August von Sachsen 1558 einen Hirsch am Abgrund. Als das Tier zum Angriff überging, gelang dem Fürsten in letzter Sekunde der rettende Büchsenschuss, der Hirsch stürzte getroffen in die Tiefe.

Wir setzen die Wanderung nach rechts auf dem Oberen Affensteinweg (hier auch noch Mittelwändesteig genannt) steil bergauf fort (grüner Strich). Es ist eine schöne Partie in halber Höhe auf Felsbändern und an Hängen entlang durch wild zerklüfteten Sandstein zwischen senkrechten Wänden links und Abgründen rechts. Lücken im Wald ermöglichen wiederholt Fernsichten. Nach knapp 30 Min. erreicht man eine markante Stelle, wo rechts der Frienstein gewaltig aufstrebt und links der Weg steil zum Friensteinflößel am Quellhäuschen abfällt (2 Std.).

Auf gleicher Höhe bleibend, geht man um den Frienstein herum auf seine Talseite: über Gesteinsbrocken am frei stehenden Felsen Friensteinwächter vorbei, durch das Felsentor zwischen dem Grottenwart und dem

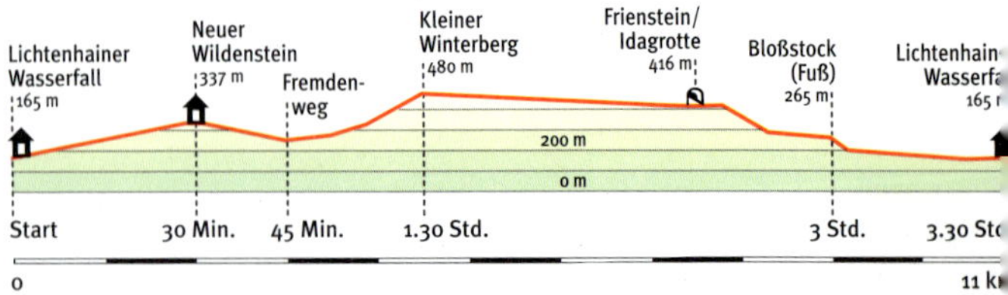

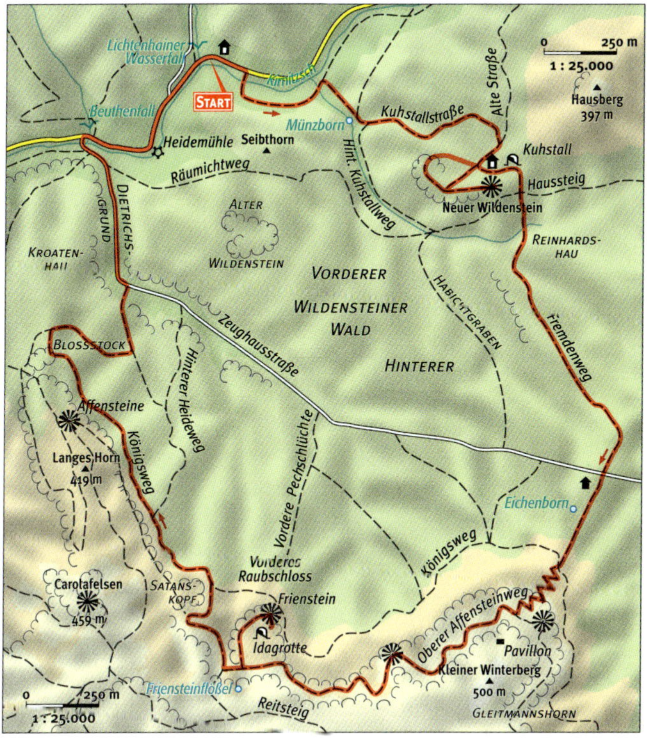

Frienstein hindurch und auf dem nur fußbreiten Band am Abgrund entlang. Eiserne Griffe geben die nötige Sicherheit. Dort, wo sich das Felsband zu einer Terrasse über der Schlucht und unter dem Gipfel weitet, dringt die weiträumige **Idagrotte** (Friensteinhöhle) tief in den Felsen ein. Abenteuerlich und einmalig ist diese Ecke, mit großartiger Aussicht zudem. Die Blicke gleiten an den Felswänden entlang, zurück zum Kleinen Winterberg und nach links zum Bloßstock, denn der Frienstein liegt in der Mitte einer großen Felsenbucht über dem Wildensteiner Wald. Der Frienstein, den man auch Vorderes Raubschloss nennt, war eine Signalwarte und Sperrfeste der Wildensteiner Berken. Die Höhle gehörte dazu. Aus einem Schriftstück des 15. Jh. ist bekannt, dass darin Gefangene gepeinigt wurden. Stufen, Balkenlöcher und Bodenfalze bezeugen, dass Holzaufbauten auf dem Gipfel standen, dessen Plateau heute nur den Bergsteigern zugänglich ist. Auf demselben Weg kehrt man zum Ausgangspunkt zurück (2.30 Std.).

Die Route steigt nun zum Quellhäuschen hinab und auf dem Weg mit der Markierung grüner Strich in Richtung Beuthenfall aus der Senke nach rechs wieder hinaus. Nach 280 m gabelt sich der Weg unterm Satanskopf. Wir steigen rechts steil bergab über Sprossenstufen auf den

Der Neue Wildenstein

Königsweg hinunter (roter Strich). Auf ihm geht es links leicht bergab weiter bis zur Gabelung nach 300 m. Attraktiv ist der Königsweg links leicht bergan und an den Felswänden der Affensteine entlang, der wiederholt Durchblicke ins Tal gewährt (roter Strich). An der gewaltigen, glatt und senkrecht aufstrebenden Nordseite des **Bloßstocks** (3 Std.), der den Affensteinen vorsteht, führen 100 m Stufen auf den Unteren Affensteinweg, der nach rechts auf den Vorderen Heideweg mündet. Auf diesem geht es links bergab in den **Dietrichsgrund** hinein und zum **Beuthenfall** an die Kirnitzsch. Auf der Kirnitzschtalstraße flussaufwärts, vorbei an der Heidemühle, erreicht man nach 5 Min. wieder den **Lichtenhainer Wasserfall** (3.30 Std.).

Kampf um den Wildenstein

Seit 1353 war das böhmische Adelsgeschlecht der Berken von der Duba Besitzer der Burg Hohnstein (s. S. 32 ff.). Bei einer Erbteilung von 1410 zerfiel das Territorium in fünf Besitzungen und Heinrich von der Duba erhielt die Herrschaft Wildenstein. Seine erste Burg baute er auf dem westlich nur 900 m entfernten Alten Wildenstein, später die zweite auf dem Neuen Wildenstein, dem Sandsteinmassiv am kegelförmigen Hausberg, der so seinen Namen erhielt. Der neue Herrensitz war durch senkrechte Abgründe nach allen Seiten gedeckt. Eine Unterburg mit der Kuhstallhöhle, wohl als Viehstall genutzt und mit Hölzern verschlossen, war vom nördlichen Vorland durch Graben und Zugbrücke gesichert.

Der Graben wurde beim Bau der Gaststätte zugeschüttet.

Zur Herrschaft Wildenstein gehörten 18 Dörfer und die Städtchen Sebnitz und Neustadt mit 233 zinspflichtigen Familien. Der allgemeine soziale Abstieg des Ritterstandes, die Aufsplitterung des einst großen Besitzes der Berken, Misswirtschaft und Fehden ließen sie ins Raubrittertum absinken. Das Kurfürstentum Sachsen und der Lausitzer Sechsstädtebund zogen als Herren geschädigter Untertanen gegen sie zu Felde. 1425/26 wurde Burg Wildenstein erstmals belagert, 1435 erneut und sogar mit Geschütz eingenommen. 150 kurfürstliche Soldaten mussten monatelang als Besatzungsmacht aufgenommen werden, was für die Größe der Burg spricht. Durch die Vermittlung Kaiser Sigismunds zogen die Sachsen im Oktober 1436 ab. Aber bereits Anfang 1437 brachen die Berken mit Verbündeten erneut in die Schandauer, Königsteiner und Stolpener Gegend ein, brandschatzten, mordeten, trieben Geiseln und Rinder zum Neuen Wildenstein. 1439/40 wurde die Burg erneut erobert, und wieder gelobten die Berken Frieden mit Sachsen, den sie erneut brachen, indem sie Raubzüge in die böhmische Lausitz unternahmen.

1443 gelang es Kurfürst Friedrich dem Sanftmütigen von Sachsen, Herrschaft und Burg Hohnstein in seinen Besitz zu bringen. 1446 unterwarf er die Wildensteiner Berken endgültig. Im Tausch gegen Land im böhmischen Schluckenau und einer finanziellen Abfindung mussten sie abziehen. Die Herrschaft Wildenstein wurde sächsisch und dem Amt Hohnstein zugeschlagen. Die Burg hatte keine Funktion mehr. Schon bald brannte sie ab und wurde nicht wieder aufgebaut. Um 1455/56 wurde sie letztmals schriftlich erwähnt, geriet in Vergessenheit, aus der sie erst die Geschichtsforschung des 19. Jh. löste.

Grundriss des Neuen Wildenstein:
1 Zugang aus dem Kirnitzschtal 2 Zugang vom Kleinen Winterberg durch die ›Nasse Schlucht‹ (2a) 3 Eingang zur Kuhstallhöhle (N-Seite) 4 Aussichtsplattform am Südende der Kuhstallhöhle 5 Felsengemach ›Wochenbett‹ 6 Aufstieg zur Hauptburg über die ›Himmelsleiter‹ (mit vielen alten Schutzvorrichtungen) 7 Aussichtsplattform, 27 m über der Kuhstallhöhle 8 nachgewiesene (– – –) oder vermutete (. . .) Gebäudegrundrisse der Burg Neuer Wildenstein (8a vermutlich Küche) 9 Wachtürme der Burg Neuer Wildenstein (9a sog. Kanzelstein) 10 Zisterne 11 Rundweg zu ›Räuberhöhle‹ und ›Krumme Karline‹ 12 Zugang zur ›Pfaffenklunst‹ 13 Zugang zum ›Schneiderloch‹ 14 Felswand mit 4 Kreuzzeichen 15 ehemaliger Burggraben mit Zugbrücke (heute zugeschüttet) 16 alter Zugang zur Burg von W

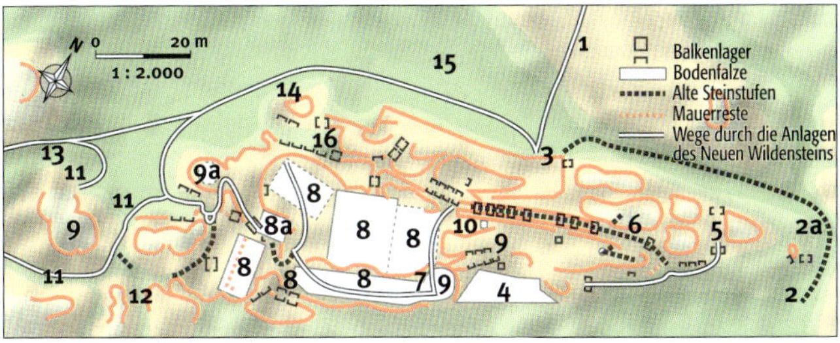

Tour 13

Königsweg

Vom Lichtenhainer Wasserfall am Fuße der Affensteine, Winterberge und Schrammsteine entlang nach Bad Schandau

Ein einst auch bei sächsischen Königen beliebter Weg führt an den Wänden vielgestaltiger Sandsteinmassive entlang, ohne deren Kamm- und Gipfelbereiche zu erklimmen.

DIE WANDERUNG IN KÜRZE

++ Anspruch

5.30 Std. Gehzeit

19 km Länge

Charakter: Einfache, aber lange Tour; Abkürzung möglich

Wanderkarten: LVermA, WK 10, Schrammsteingebiet; R. Böhm, WK 10, Schrammsteine, Affensteine und WK 10, Bad Schandau und Umgebung

Einkehrmöglichkeiten: Gaststätten Lichtenhainer Wasserfall, Schrammsteinbaude, in Ostrau und Bad Schandau

Anfahrt: Mit dem PKW: Pirna–Königstein–Bad Schandau–Hinterhermsdorf; Neustadt/Sachs–Sebnitz–Bad Schandau oder Ottendorf–Lichtenhainer Wasserfall. **Mit der Bahn:** Kirnitzschtalbahn Bad Schandau–Beuthenfall–Lichtenhainer Wasserfall. **Mit dem Bus:** Linie 241 Pirna–Königstein–Bad Schandau–Beuthenfall–Lichtenhainer Wasserfall–Hinterhermsdorf.

Rückfahrt: Mit der Bahn: Kirnitzschtalbahn. **Mit dem Bus:** Linie 241 ab Bad Schandau/Elbkai oder Stadtpark

Die Wanderung beginnt am **Lichtenhainer Wasserfall** oder am **Beuthenfall** im Kirnitzschtal, die nur 5 Min. voneinander entfernt sind. Am Beuthenfall steigt man über die Brücke im **Dietrichsgrund** hinauf (roter und grüner Strich). An der Abzweigung des Vorderen Heidewegs bleibt man links im Dietrichsgrund (grüner Strich), verlässt ihn jedoch gut 200 m danach nach rechts auf dem Hinteren Heideweg (grüner Strich). An der nächsten Gabelung hält man sich links und geht 10 m danach über ein Wegekreuz geradeaus hinweg bis zur Einmündung auf den **Königsweg.** Links geht es im Wald am Fuße der Felswände weiter (grüner und roter Strich). Durch die Baumkronen zeigen sich Gipfel wie Wolfsspitze, Hentschelturm und Satanskopf. Durch Verwitterung gelöste, abgestürzte Felsbrocken säumen den Königsweg entlang der Speichenhörner.

Vor dem **Frienstein** (Vorderes Raubschloss; 30 Min.) schwenkt der grüne Strich steil nach rechts hinauf. Wir halten uns an den roten Strich

Der Teufelsturm über der Elbe

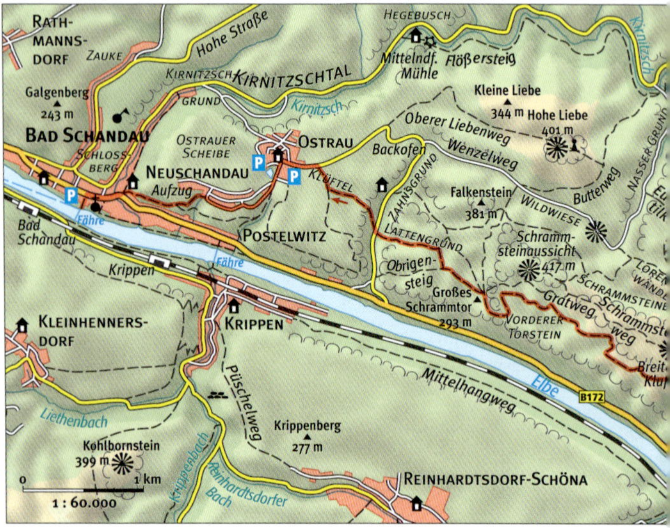

auf dem Königsweg, der um den Fuß des Friensteins herumführt. An einer Gabelung zwischen Birkenwäldchen und Buchenhain geht man rechts, an der nächsten geradeaus durch den Mischwald mit vielen alten Buchen und Eichen.

Dann steht man am Fuße des **Kleinen Winterberges** (1 Std.). Über die Wegkreuzung am alten Grenzstein mit der Nr. 329 und nach ca. 300 m vorbei an dem kursächsischen Wappenstein von 1558 (unter einem Felsüberhang) folgen wir dem Königsweg geradeaus (roter Strich) und kommen nah an die Felswände heran, über denen sich der Nördliche und der Südliche Gleitmannsturm erheben. Durch die Bäume hindurch erhascht man Ausblicke in den Wildensteiner Wald, der, von links nach rechts gesehen, vom Neuen Wildenstein, Hausberg, Großstein, Arnstein, den zwei Lorenzsteinen, Kan- und Teichstein sowie vom näher stehenden Winterstein (Hinteres Raubschloss) umgeben ist, die eine prächtige Kulisse bilden.

An einer kantigen Felsenecke umgeht der Weg nun das weit nach Osten vorspringende **Gleitmannshorn** (1.20 Std.). Links unten liegt die Schlucht Kleiner Zschand mit dem Quenenweg. Im Osten und Süden fesselt eine neue malerische Naturkulisse den Blick: Wartburg, Winterstein, Pechofenhörner, Bärenfangwände, Bärenhörner und Hering-

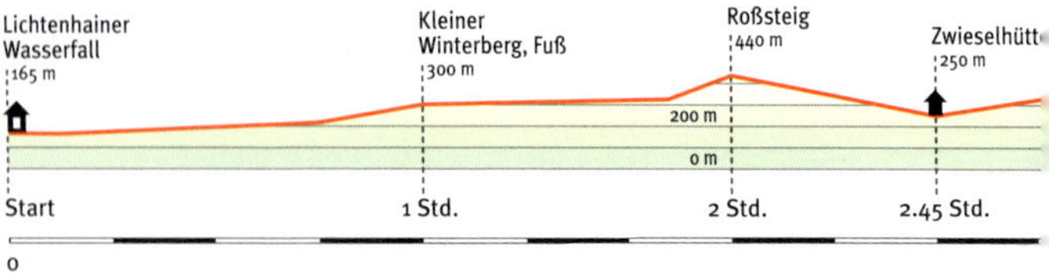

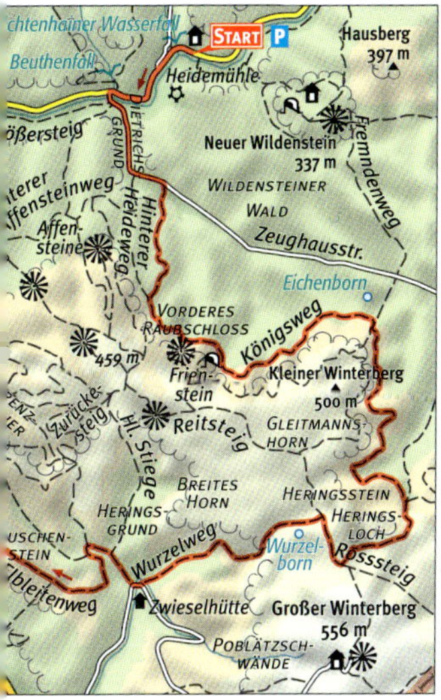

stein. Bald schwenkt der Weg leicht fallend nach rechts in einen Felswinkel vor den Versteckten Türmen ein, macht um die auslaufende Schlucht Gleitmannsloch einen Bogen nach links und steigt wieder an. Die gegenüber liegende Seite der Schlucht wird begangen, so dass man nun auf die majestätischen Felsen hinüberblickt, unter denen man soeben noch vorbeigezogen ist.

Dann steht man zwischen dem Heringstein (rechts) und den Bärenhörnern (links). Eine wichtige Wanderwegkreuzung ist erreicht. Wir gehen geradeaus durchs **Heringsloch** steil hinauf (grüner Strich). Die kühle, zerklüftete Schlucht ist wildromantisch, wenn auch nicht bequem zu bewältigen. Ein nur zeitweilig Wasser führendes Rinnsal wird überquert, riesige Felsbrocken werden umgangen. Links zieht der Weg um einen Felsen zum oberen Ausgang des Heringsloches, nochmals links zur Hochfläche, dann rechts entlang zum Wegekreuz am **Roßsteig und Reitsteig** am Fuße des Großen Winterberges (2 Std.).

Hier gilt es, dem grünen Punkt nach rechts zu folgen. Schon nach 300 m wird erneut eine Kreuzung erreicht. Man wähle den links steil abfallenden **Wurzelweg,** wobei wir uns von hier bis zum Großen Schrammtor nur noch am grünen Punkt orientieren. Als Knüppeldamm läuft der Wurzelweg in der Schlucht zwischen den Kapellenwänden rechts und Poblätzschwänden links entlang, ist danach breit und geschottert. Nach einer Rechtskurve wird die Sicht auf den noch entfernten Rauschenstein und den Großvaterstuhl frei. Rechter Hand erheben sich bizarre Klettergipfel am Breiten Horn.

Links und rechts abzweigende Wege lassen wir unbeachtet. So kommen wir zur Kreuzung an der **Zwieselhütte,** die dem Wanderer am linken Berghang im Winkel der Winterbergstraße Schutz und Rast bietet (2.45 Std.)

Abkürzungsmöglichkeit: Hier kann man auf der Winterbergstraße links nach Schmilka hinab gehen und von dort mit Bahn oder Bus nach Bad Schandau fahren.

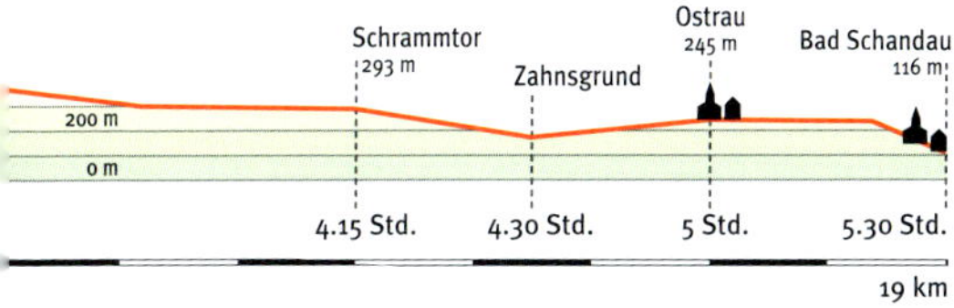

Rechts geht es auf dem hier beginnenden breiten **Elbleitenweg** weiter. Nach 200 m zweigt rechts ein Weg in den Heringsgrund und zur Heiligen Stiege ab. Wir bleiben links auf dem Elbleitenweg, der am Falkoniergrund in linker Spitzkehre steil zur Hochebene Goske aufsteigt. Bevor man in den Wald eintaucht, bietet der Bergsporn an der Rechtskurve großartige Rückblicke auf Felsareale und bis nach Böhmen hinein.

Bald kommt man am rechts stehenden Rauschenstein vorbei, auf dem im Mittelalter ein Wachpostenhaus der Berken von der Duba stand. Später sieht man nach links über das Elbtal zu Zirkelstein und Kaiserkrone hinüber. Vor uns erhebt sich majestätisch die Vordere Schrammsteinkette.

Danach zieht sich von der noch nicht sichtbaren Elbe, die ca. 185 Höhenmeter tiefer liegt, die Breite Kluft herauf, die der Elbleitenweg im Bogen umgehen muss. Rechts über dem Weg steht der kantige Fels Teufelsturm.

Aus dem Felswinkel an den **Vorderen Schrammsteinen** windet sich der Elbleitenweg nach links heraus, erreicht den Vorderen Torstein, von dessen Fuß aus man jetzt links unten die Elbe sieht, und geht scharf rechts zum **Großen Schrammtor** hinauf, einer Lücke in der Felsenfront, vor der sich ein Wanderwegstern gebildet hat (4.15 Std.).

Hier verlassen wir den Elbleitenweg. Das ›Tor‹ im Rücken gehen wir geradeaus den Obrigensteig 400 m hinab, dann rechts durch den Wald und später über Stufen in den **Lattengrund** hinein (blauer Strich). Es ist eine kühl-feuchte, wildromantische Schlucht unter Felsüberhängen. Sie mündet in den **Zahnsgrund** (4.30 Std.), durch den die Autostraße Postelwitz–Ostrau verläuft. Wir queren den Grund und gehen 20 m weiter oben den Weg durchs **Klüftel** links am Hang (blauer Strich und grüner Punkt) zwischen Gärten durch eine kurze Felsengasse steil aufwärts.

Oben angelangt kommen wir zwischen Wiesen und Feldern auf die Ebenheit Ostrauer Scheibe, gehen unter alten Linden zur Straße und erreichen nach links den Ort **Ostrau,** wobei sich eine großartige Rundsicht auftut. An der Straßengabelung im Oberdorf hält man sich links oben, geht an Feuerlöschteichen geradeaus vorbei auf dem Ostrauer Ring zum Ortsteil **Neuschandau** (5 Std.).

Nach der Ecke beim Bergcafé wandert man am Hang hinab und erreicht im großen Bogen die Bergstation des Personenaufzuges von 1904. Von seiner Plattform hat man einen schönen Blick ins Elbtal und auf **Bad Schandau.** Entweder fährt man mit dem Lift zur 50 m tiefer liegenden Talstation und geht dann rechts zur Stadt, oder man wählt den Lutherweg, auf dem man in 10 Min. die Stadt zu Fuß erreicht. An der Kirche vorbei und über den Marktplatz, kommt man auf die Elbpromenade mit Fähr- und Schiffsanlegestellen, Parkplatz und Bushaltestellen (5.30 Std.).

Will man mit der Kirnitzschtalbahn zum Lichtenhainer Wasserfall zurück, muss man 500 m nach rechts an der Kirnitzsch aufwärts zur Haltestelle gehen.

Über Sandstein und Granit

Von der Neumannmühle über den Großstein nach Ottendorf und über Saupsdorf zurück

Im Sandsteingebirge steigt man auf, gelangt ins Granitgebirge und kehrt zurück zum Sandstein: Garantie für kontrastreiche Landschaftsbilder mit Wäldern und Fluren.

DIE WANDERUNG IN KÜRZE

++ Anspruch

4.30 Std. Gehzeit

17 km Länge

Charakter: Einfache, aber lange Tour; Abkürzungsmöglich ab der Richtermühle

Wanderkarte: LVermA, TK 25, Nr. 45

Einkehrmöglichkeiten: Neumann-, Felsen- und Buschmühle, in Ottendorf, in Saupsdorf

Anfahrt: Mit dem PKW: Pirna–Bad Schandau–Neumannmühle–Hinterhermsdorf; Neustadt/Sachs–Sebnitz–Ottendorf/Saupsdorf–Neumannmühle. **Mit dem Bus:** Linie 241 Pirna–Königstein–Bad Schandau –Neumannmühle–Hinterhermsdorf

Die Wanderung beginnt im Kirnitzschtal an der **Neumannmühle.** Vom Mittelalter an war sie eine Schneidemühle gewesen, stellte sich jedoch 1870 auf Holzschliff für die Papierindustrie um, nachdem die epochale Erfindung von Friedrich Gottlob Keller aus Krippen die Herstellung von Papier aus Holz ermöglichte. Seit 1961 ist sie ein technisches Museum.

Um die Straße zu vermeiden, geht man über die Steinbrücke von 1847 und am linken Kirnitzschufer auf dem alten Flößersteig (grüner Diagonalstrich) in 15 Min. zur **Felsenmühle** hinab, umgeht am Hang das Sägewerk und kehrt aufs rechte Ufer zurück.

An der Gaststätte Felsenmühle steigt zwischen dem Fachwerk-Umgebindehaus und einem Schuppen unser Weg (grüner Strich) rechts am Hang empor, nach 200 m um einen Felsen herum und nach Norden über eine Waldwiese hinauf. 100 m über dem oberen Rand der Wiese kommen wir auf einen Pfad, dem man links hinauf folgen muss. Er mündet auf einen breiten Waldweg südöstlich des nahen, flach gerundeten Kühnberggipfels.

Auf dem breiten Waldweg nach links und über ein Wegekreuz geradeaus bergan gelangt man zum **Großstein,** der auf der ganzen Breite seines Absturzes wunderbare Aussichten bietet (30 Min.).

Zum Waldweg zurückgekehrt, folgen wir dem breiten Weg (grüner Strich) geradeaus leicht bergan aus dem Wald hinaus und durch die Wiesen zur **Endlerkuppe** hinauf, auf der 1929 ein Jugenderholungsheim erbaut wurde, das jetzt verfällt (1 Std.). Hier steht man über Granit und schaut gegen Norden in eine völlig veränderte Landschaft, nachdem man am Großstein die Sandsteinformation verlassen hat.

Am Wasserwerk und am Kriegerdenkmal vorbei gehen wir nach **Ottendorf** hinab. Bis heute hat sich das Dorf mit den alten Häusern seinen landwirtschaftlichen Charakter erhalten. Beim Fachwerk-Umgebindehaus Nr. 7 von 1843 kommt man auf die Hauptstraße.

Nun wendet man sich nach rechts zur Hauptstraße und wandert auf ihr durch das Dorf hinab (grüner Punkt) bis kurz unterhalb des vorerst letzten Hauses. Nach der Bushaltestelle vor einem aufgelassenen Steinbruch geht man links den breiten Weg mit dem grünen Punkt hinauf, der angenehm durch Wald, Wiesen und Felder zieht und schließlich bei der ehemaligen **Richtermühle** an der Straße Sebnitz–Saupsdorf endet (2 Std.).

Die Mühle arbeitete bis 1953. Ihr Rad mit 10 m Durchmesser soll das größte in Sachsen gewesen sein. Eine Wasserkunst über die Straße hinweg ließ das Bächlein aufschlagen, bis Rad und Wasserkunst abgetragen wurden. Das schöne Wohnhaus von 1794 blieb erhalten.

Abkürzung: Wer die Wanderung abkürzen möchte, geht die Straße rechts hinauf und trifft nach 1,2 km am Ortseingang von Saupsdorf wieder auf die Route.

Unsere Route führt wenige Meter auf der Straße nach links, überquert sie, nimmt den Weg zum Wald hinauf (grüner Punkt) und kommt schließlich an der stillgelegten alten **Waldmühle** vorbei. 250 m weiter oben wird der **Alfred-Meiche-Weg** erreicht, dem wir nach rechts folgen (grüner Punkt und blauer Strich). Über ein Rinnsal schreitend, durch den Wald über Baumwurzeln ansteigend und durch ein Stück Hohlweg, kommt man schließlich zur Höhe 487,3 m dicht an der tschechischen Grenze. Am Scheitelpunkt der Höhe verlässt man den Meicheweg nach rechts hinab (gelber Strich) zur Schutzhütte am **Puttrichberg** (2.45 Std.).

Hier wird man sich an der schönen Aussicht erfreuen und dann mit dem gelben Strich absteigen. Vorerst läuft der Weg im Wald abwärts, schwenkt am Waldrand nach links durch die Flur nach **Saupsdorf** hinab. An der 1842 erbauten großen Kirche vorbei gelangt man zur Landstraße und an einen Parkplatz an der ehemaligen Gaststätte Zur Schmiede (3 Std.). Die Straße wird geradeaus überschritten. Durch Wirtschaftsgebäude hindurch und an Einfamilienhäusern vorbei steigt man links den Hang hoch (gelber, grüner, roter Strich). Der Fahrweg erreicht auf der Höhe eine Kreuzung. In Richtung Sturmbauers Eck geht man ge-

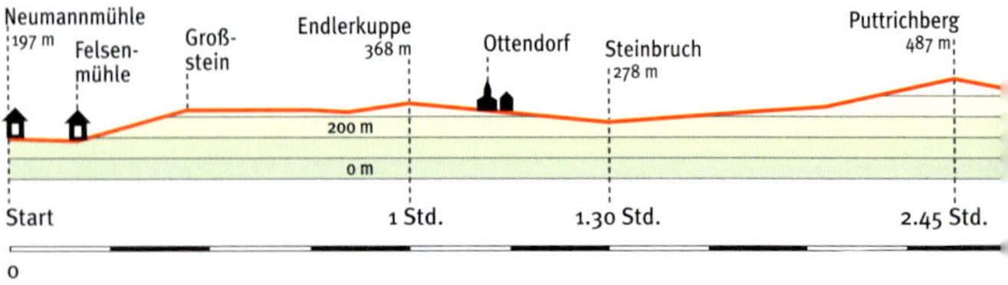

radeaus weiter (grüner Strich). Nach 300 m und einem kurzen Gang durch den Wald kommt man zum oberen Ausläufer eines Wiesentals, an dem sich Wochenendhäuser ausbreiten. Erst nach links, dann im Bogen nach rechts durchschreitet man die Wiese und geht an trichterförmigen Vertiefungen vorbei. Es sind Kalkpingen, Reste eines von 1830 bis 1890 betriebenen Schachtes. Hier verlassen wir den Granituntergrund und kehren ins Elbsandsteingebirge zurück.

Der Weg mit dem grünen Strich läuft unterhalb der Kalklöcher links in den Wald hinein und abwärts zum Fels **Sturmbauers Eck,** der steil abfallend über der Straße Bad Schandau–Hinterhermsdorf im Tal des Saupsdorfer Baches steht. Gegenüber erheben sich (von links nach rechts) Kleines und Großes Pohlshorn, Zätzschenhorn und Heulenberg. Zwischen den beiden letzten fließt die Kirnitzsch hindurch. Rechts in der Ferne sieht man die Speichenhörner und das Affensteinmassiv vom Kleinen Winterberg bis zum Bloßstock, daneben den Falkenstein. Der steile Abstieg von Sturmbauers Eck erfolgt links neben der Aussicht zur Straße hinab.

Wir gehen etwa 100 m auf der Straße nach rechts, dann den Weg gegenüber vom Parkplatz rechts am unteren Wiesenrand zum Wald und zur Schutzhütte hinüber. Nach 500 m steht man am Fuße des **Kleinsteins** und steigt scharf rechts die Stufen (roter Strich) hinauf (4 Std.).

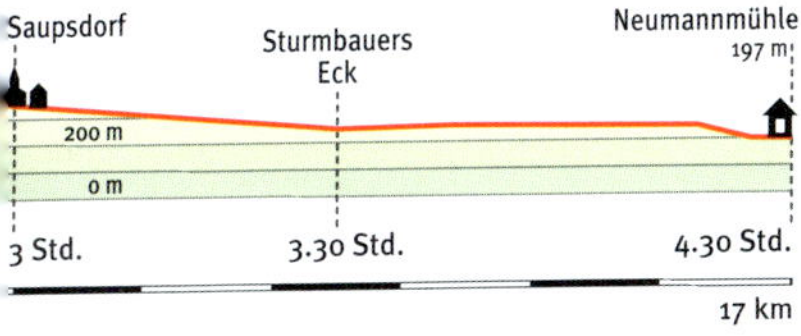

Blick vom Wachberg auf Saupsdorf

In Zweidrittelhöhe des Kleinsteins befindet sich 50 m links die **Kleinsteinhöhle.** Ähnlich einem gotischen Spitzbogen bauen sich zwei Felspfeiler 10 m hoch auf. Dahinter steht eine glatte Wand. Vorn am Geländer schaut man wie aus einem großen Domfenster über den hinteren Teil des Nationalparks.

Von der Kleinsteinhöhle geht man auf den **Neuen Weg** hinab und folgt diesem rechts nach Westen (roter Strich). Nach 250 m mündet von rechts herab das Goldbachtal, dessen Bächlein knapp 1 km höher noch im Granit entspringt. Der feuchte, bald von niedrigen Sandsteinfelsen eingefasste, 50 m breite Wiesengrund von nur 300 m Länge ist ein zauberhaftes Kleinod der Natur. Saftiges Grün an morastigen Ufersäumen, mit Binsen durchsetzt, von sich frei entfaltenden Einzelbäumen und malerischen Baumgruppen beschattet, macht das Goldbachtal zu einem Märchenwinkel, zumal wenn in der Morgen- oder Abenddämmerung Rehe darin äsen. Kleine überwachsene Haldenreste am linken Ufer sind Zeugen der einst vergeblich betriebenen Goldwäsche.

Der Neue Weg läuft im Wald auf halber Höhe über der Schandauer Straße und dem Kirnitzschtal zur Linken, am Fuße der rechts stehenden Sandsteinwände und Bruchhänge entlang. Die Schwarze Schlüchte und Städelschlüchte kommen herab. Ein markanter Punkt ist links am Wege der niedrige Kletterfelsen Städelschlüchteturm. 1,2 km danach zweigt vom Neuen Weg scharf links ein Seitenweg steil ins Kirnitzschtal ab (roter und gelber Strich, gelber Punkt). Über diesen erreichen wir nach der Einmündung des Ottendorfer Baches die **Buschmühle.** 300 m talwärts kommt man auf der Straße zur **Neumannmühle** (4.30 Std.).

Über dem Kirnitzschtal

Auf dem Großstein über der Felsenmühle steht man 160 m über dem Kirnitzschtal, blickt in die Schluchten des Großen und Kleinen Zschand, auf den Wildensteiner Wald, der von imposanten Felsketten, Wänden und Gipfeln umrahmt ist und schaut weit nach Böhmen hinein. Es gehört zu den faszinierenden Eigenheiten des Sandsteingebirges, dass die Formenvielfalt des tief gegliederten Reliefs von jeder Aussicht ungewöhnlich neu, überraschend anders wirkt. Und grundverschieden wiederum ist die Landschaft über dem Lausitzer Granit, der 500 m nördlich des Großsteins mit dem Kühnberg beginnt.

Neumann- und Felsenmühle

Die **Neumannmühle** hat vermutlich als Schneidemühle eine 500 Jahre alte Tradition. Ab 1791 war sie im Besitz der Familie Neumann, deren Namen sie heute noch trägt. Hier griff man 1870 die epochale Erfindung von Friedrich Gottlob Keller (1816–95) aus Krippen auf, aus Holz Papier herzustellen: Mit Wasserkraft wurde Holzschliff für die Papierindustrie erzeugt. 1961 wurde die kleine Anlage mit dem Mühlrad von 4,60 m Durchmesser als technisches Museum eröffnet. In den letzten Jahrzehnten war das Wohnhaus ein kleines Ferienheim, in dem seit 1996 eine Gaststätte betrieben wird. Auf dem heutigen Parkplatz war früher der Anschwemmplatz des Floßholzes. Am Bach oberhalb der Brücke sieht man noch die Aufmauerung des einstigen Floßrechens. Nachdem 1872 die Kirnitzschtalstraße gebaut worden war, wurde dieser Platz Endstation des Flößens, da nun auf der Straße ein effektiverer Abtransport nach Schandau zur Elbe möglich war. 1924/25 war noch einmal Hochbetrieb auf dem Anschwemmplatz, als das Holz der durch eine Nonnenplage erzwungenen Kahlschläge hierher geflößt wurde.

700 m unterhalb der Neumannmühle steht die **Felsenmühle.** Sie ist seit dem 18. Jh. als Mahlmühle schriftlich belegt, aber sicherlich viel älter. Die alte Mühle wurde 1872 beim Bau der Straße abgerissen, doch blieb der Wohnhauskomplex mit der Gaststätte von 1835 erhalten. Am linken Ufer wurde eine Schneidemühle mit einem Wasserrad von 4 m Durchmesser und 3 m Breite neu erbaut. Das Rad ist verschwunden, die ›Mühle‹ arbeitet als Sägewerk mit Elektromotoren.

Spuren wüster Raubritterburgen

Von der Neumannmühle nach Ottendorf und über den Wildenstein und Winterstein zurück

Mühlen im Tal und Spuren längst verwüsteter Burgstätten des Mittelalters auf imposanten Felsen mit Fernsichten über den Nationalpark werden durch stille Waldwege miteinander verbunden.

DIE WANDERUNG IN KÜRZE

++ Anspruch

6 Std. Gehzeit

17 km Länge

Charakter: Bis auf drei kurze, steile Auf- und Abstiege über Stufen und Leitern einfache, aber lange Tour; Abkürzung möglich

Wanderkarte: LVermA, TK 25, Nr. 45

Einkehrmöglichkeiten: Neumann- und Buschmühle, in Ottendorf, Gasthaus Kuhstall am Neuen Wildenstein

Anfahrt: Mit dem PKW: Pirna–Bad Schandau–Neumannmühle–Hinterhermsdorf; Neustadt/Sachs–Sebnitz–Ottendorf/Saupsdorf–Neumannmühle. **Mit dem Bus:** Linie 241 Pirna–Königstein–Bad Schandau –Neumannmühle–Hinterhermsdorf

Die Wanderung beginnt am Parkplatz an der **Neumannmühle** (s. S. 77). Auf der Kirnitzschtalstraße aufwärts erreicht man nach 300 m die **Buschmühle** (s. S. 81). Kurz darüber mündet der Ottendorfer Bachgrund mit einer Autostraße ins Tal. Rechts neben dieser Straße steigt am Hang steil der **Neue Weg** hinauf, auf dem wir oben links zum Arnstein weiterziehen, wo der Weg nun Reitsteig heißt (gelber Punkt und Strich). Dort, wo der Pfad scharf abfällt und eine Rechtskurve zieht, hat man einen von Felsen und Wald umstandenen Talkessel vor sich und den **Arnstein** rechts über sich (30 Min.).

In dieser Rechtskurve verlässt man den Weg und steigt die unauffälligen schmalen Stufen aus Holz und Stein zum Fuße und zum Gipfel des **Arnsteins** hinauf und kehrt nach dessen Begehung wieder hierher zurück (1 Std.).

An der Kreuzung im Talkessel hält man sich rechts an die gelben Mar-

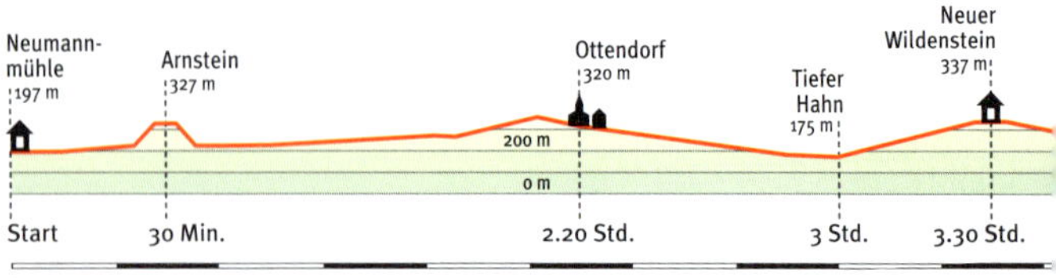

kierungen, am unmittelbar danach folgenden Abzweig ebenfalls. Der doppelt markierte Weg führt dann nach links immer steiler hinauf und erreicht einen Sattel, von dem aus wir uns nach links wenden und auf die Aussicht **Tägers Wonne** stoßen (1.10 Std.).

Der Aussicht den Rücken kehrend, steigt man weiter hinauf, bis man im Wald die höchste Stelle erreicht. 150 m läuft der Weg eben, dann quert ein anderer. Hier trennen sich die Markierungen: Unsere Wanderroute ist die mit dem gelben Punkt nach links Richtung Ottendorf. Der Terrassenweg (Sattelweg) am Hang des Waldes zwischen den Höhen rechts und dem Ottendorfer Bachgrund links läuft kurvig, aber bequem. Nachdem sich links unten die Gebäude der Pietschmühle zwischen den Bäumen zeigen, erreicht er einen Fahrweg vor dem Bach

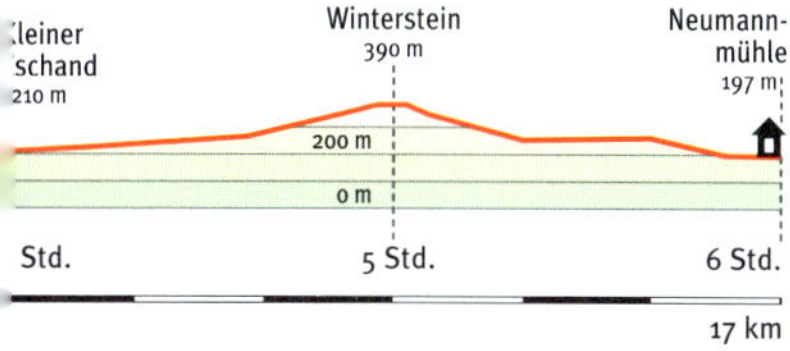

Gasthaus Buschmühle von 1790

Schoßwasser. Wir folgen dem gelben Punkt links hinunter und erreichen die Autostraße im Grund an der Brücke, an der das Schoßwasser in den Ottendorfer Bach mündet. Hier verlassen wir den gelben Punkt und gehen die Straße links hinab zum Sägewerk **Pietschmühle.**

Ursprünglich hieß die Mühle Lochmühle. Von hier zog im 17. Jh. als wandernder Müllerbursche Elias Hesse hinaus in die Welt und kam bis nach Ostindien. Er kehrte in die Heimat zurück und veröffentlichte eine »Ost-Indische Reisebeschreibung« voller phantastischer Übertreibungen. Eine Geschichte daraus gelangte als erstes Seeabenteuer in die Sammlung »Wunderbare Reisen und Abenteuer des Freiherrn von Münchhausen«.

Nach ca. 250 m auf der Autostraße bergab und an den Gebäuden des Sägewerkes gänzlich vorbei, geht die Straße in eine Rechtskurve. Dort steht das Ortsausgangsschild »Ottendorf«. 5 m danach verlässt man vor einem gelben Pumpenhäuschen die Straße und steigt nach rechts den unmarkierten Weg steil im Wald hinauf. 15 Min. nach der Pietschmühle tritt man auf der Höhe aus dem Wald heraus und schaut über Felder und Wiesen auf Ottendorf herab und weit in die Landschaft (2 Std.). Auf dem Feldweg wendet man sich erst links, bald rechts, wieder links und rechts ins Dorf hinab, bis man die Hauptstraße von **Ottendorf** an der Bushaltestelle erreicht hat (2.15 Std.). Links hinauf folgt man ihr noch 5 Min. bis zur Kreuzung mit den Dorfstraßen zur Endlerkuppe und zum Sportplatz.

Während die Autostraße den Berg hinauf und weiter nach Sebnitz führt, gehen wir ohne Markierung geradeaus in Richtung Kirnitzschtal und Kuhstall aus dem Ort hinaus. An der nächsten Gabelung muss man sich links halten, passiert das letzte Haus mit der Jahreszahl 1875 und wandert im tief eingekerbten Wiesental hinunter bis zum Wald.

Im Grund **Tiefer Hahn** fließt ein Bächlein. An den bewaldeten Steilhängen steht Granitgestein an. Die Schlucht mündet an einem unbewohnten Haus auf die **Kirnitzschtalstraße,** die hier die Grenze zwischen Granit und Sandstein bildet.

Vom Haus am Tiefen Hahn, das einst zur Lichtenhainer Mühle gehörte, die 500 m flussabwärts in der breiten Talaue lag, geht es weiter rechts auf der Straße 300 m abwärts, dann links über die Kirnitzschbrücke (gelber Strich) zu einem Haus hinauf, das bis 1907 eine Schleifmühle war. Die asphaltierte **Alte Straße** bringt uns zum **Neuen Wildenstein** hinauf (3.30 Std.; s. S. 66 f.).

Links vor der Kuhstallhöhlung führen Stufen zwischen Felswänden durch die enge Nasse Schlucht in den Wildensteiner Wald hinab. Am Wegekreuz mit steinerner Säule geht man nach links auf dem **Haussteig** Richtung Felsenmühle (roter Strich). Der Steig zieht eben und bequem dahin, bis man rechts in die **Ferkelschlüchte** einschwenkt. Die weder tiefe noch lange Schlucht mit dicken Moospolstern an Steinen und Bäumen mündet in das Tal des **Kleinen Zschand** (3.45 Std.).

Abkürzung: Im Kleinen Zschand links abwärts zur Felsenmühle und auf dem Flößersteig (grüner Diagonalstrich) am linken Kirnitzschufer aufwärts zur Neumannmühle.

Unser Wanderweg läuft im Kleinen Zschand rechts aufwärts. Dort, wo er nach 500 m an einer Felsenecke leicht rechts schwenkt, verlässt man ihn nach links. Zwischen zwei niedrigen Felsen hindurch folgen wir einem Grasweg in die **Hintere Naßschlüchte** hinein (ohne Markierung). Zwischen Felsen und Felstrümmern steigt die Schlucht gemächlich an. Sie ist feucht, manchmal auch nass, so dass prächtige Moosbänke, üppige Gräser und Farne gedeihen.

Nach oben flacht die Schlucht immer mehr ab und läuft nach 1 km am breiten, geschotterten **Knorreweg** aus. Diesem folgt man rechts hinauf, bis er auf die Zeughausstraße mündet (4.30 Std.).

Wenn man aus dem Knorreweg heraustritt, steht halblinks vor uns über dem Wald der Fels Winterstein, genannt das Hintere Raubschloss (s. S. 85 f.). Man erreicht den Gipfel, wenn man vom Knorreweg die Zeughausstraße nach rechts 100 m hinab-, dann nach links die Buchschlüchte hinaufgeht. Im oberen Teil der Buchschlüchte, wo von rechts ein Weg (roter Strich) mündet, geht es mit diesem weiter aufwärts und am Scheitelpunkt des Weges links zum Gipfel des **Winterstein** hinauf (5 Std.)

Nach dem Abstieg kehrt man zum Scheitelpunkt zurück und wendet sich links abwärts in die **Raubsteinschlüchte** hinein (roter Strich), die uns zur Zeughausstraße bringt. Diese rechts abwärts gehend gelangt man in den **Großen Zschand.**

In ihm geht man auf asphaltierter Forststraße nach links (gelber Strich). Schon nach 250 m verlässt man ihn wieder nach rechts auf den ebenfalls breiten, aber geschotterten Weg **Flügel E** hinauf (ohne Markierung). An seinem Scheitelpunkt zweigt nach links ein Fahrweg ab, der bald eine große, abwärts geneigte Wiese erreicht. Hier stand im Mittelalter die Siedlung Jentzschdörfel. 1543 war sie noch intakt, 1592 aber bereits wüst. Das Areal wurde bis in die Mitte des 20. Jh. als »Buschmüllers Räumicht« als Ackerland genutzt. Links an der Scheune führt der durch viele Generationen benutzte Hohlweg, der nun langsam zuwächst, zur **Buschmühle** ins Kirnitzschtal hinab. Die seit 1592 nachweisbare, vermutlich aber ältere Holzschneidemühle erhielt 1710 einen Mahlgang, 1783 zudem eine Lohmühle, in der man Eichen- und Fichtenrinde zum Gerben von Leder zerkleinerte. Seit alten Zeiten soll sie auch schon Gasthaus gewesen sein. Durch ihren Hof kommt man auf die Kirnitzschtalstraße und nach links abwärts zur **Neumannmühle** (6 Std.).

Der Arnstein oder das Ottendorfer Raubschloss

Auf dem Felssockel des Arnsteins stand einst die Unterburg einer mittelalterlichen Wehranlage. Über weitere Stufen gelangt man zum Gipfel, der die Oberburg trug.

Ursprünglich gehörte der Arnstein den böhmischen Berken von der Duba. Die Burg diente dem Schutz und der Kontrolle hier vorbeiziehender Fahrwege von der Elbe in die Oberlausitz und nach Böhmen. Sie war eine Signalveste. Mittels Leuchtfeuer und Rauch konnte man Zeichen zu den Burgwarten auf dem Winterstein, Wildenstein, Frienstein, Falkenstein und Königstein geben bzw. von dort empfangen. Im 15. Jh. kam der Arnstein in den Pfandbesitz der mit den Berken verschwägerten Ritter von Wartenberg auf Tetschen (Děčin). Beide Herrschaften sanken ins Raubrittertum ab. Zweimal wurde deshalb auch der Arnstein belagert, eingenommen und 1451 gründlich zerstört.

Alte Stufen, viele Falze im Felsen, geheimnisvolle Felszeichnungen und die Zisterne sind Spuren der Geschichte dieser Burg, die im Bewusstsein der Menschen in den umliegenden Dörfern als Ottendorfer Raubschloss fortlebte.

Der Gipfel bietet einen schönen Ausblick, denn der Arnstein liegt im Schnittpunkt der Täler der Kirnitzsch, des Ottendorfer Bachgrundes und des Großen Zschand. Rechts schaut man über den Falkenstein hinweg bis zum Königstein an der Elbe. In den Tälern und den ausgedehnten Wäldern, zwischen den Bergen und Steinen stört keine menschliche Siedlung das Auge.

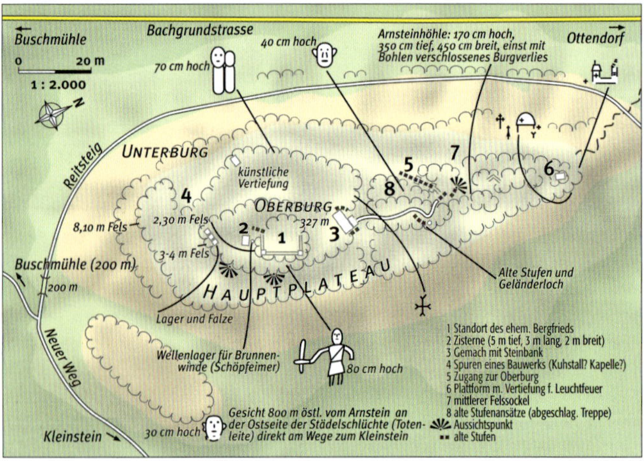

Zum Hinteren Raubschloss

Von der Neumannmühle durch den Kleinen Zschand zum Winterstein und an den Lorenzsteinen zurück

Liebliche Täler, geheimnisvolle Wälder und Schluchten, ein Terrassenweg vor Felswänden mit schönen Fernsichten und der Gipfelaufstieg zu den letzten Resten einer wüsten Burgstätte sind die Stationen einer an Natureindrücken reichen Wanderung.

DIE WANDERUNG IN KÜRZE

++
Anspruch

3.30 Std.
Gehzeit

9 km
Länge

Charakter: Einfache Halbtageswanderung mit Ausnahme des Auf- und Abstieges über Stufen und Leitern am Winterstein (kann ggfs. ausgelassen werden)

Wanderkarten: LVermA, TK 25, Nr. 45; R. Böhm, WK 10, Kleiner Zschand

Einkehrmöglichkeiten: Neumannmühle, Felsenmühle

Anfahrt: Mit dem PKW: Pirna–Bad Schandau–Neumannmühle–Hinterhermsdorf; Neustadt/Sachs–Sebnitz–Ottendorf/Saupsdorf–Neumannmühle. **Mit dem Bus:** Linie 241 Pirna–Königstein–Bad Schandau–Neumannmühle–Hinterhermsdorf

Im Kirnitzschtal am Parkplatz bei der **Neumannmühle** (s. S. 77) beginnt man am linken Ufer des Baches auf dem alten Flößersteig abwärts zu wandern (grüner Diagonalstrich), umgeht aufsteigend das Sägewerk **Felsenmühle** und steht nach 15 Min. am Eingang des Tales **Kleiner Zschand.** Nach links ziehen wir darin am Rinnsaal Queenbach auf der Forststraße hinauf (grüner Strich).

An einer Schutzhütte quert die **Zeughausstraße** (30 Min.). Ihr folgen wir 140 m nach rechts zu den Queenwiesen und biegen links am Wald in den **Quenengrund** ein, in dem der Kleine Zschand sich gegen Süden fortsetzt (grüner Strich). 400 m nach der Zeughausstraße, dort, wo unter hohen Fichten ein Stein liegt, gabelt sich der Weg und wir halten uns rechts (grüner Strich). Das Tal wird nun enger und romantischer. Wenn die Bäume den Blick nach rechts freigeben, sieht man die Felswände am Kleinen Winterberg, dann das weit vorspringende Gleitmannshorn. 800 m nach der Weggabelung entdeckt man an einer weiteren Gabelung zwei alte Eichen in einem stillen, märchenhaft anmutenden Felswinkel, in dessen Mitte ein großer Sandsteinblock mit rundem Rücken liegt. Es ist der Beginn des **Gleitmannsloches,** gleichzeitig der letzte Winkel des Kleinen Zschand. Darüber stehen in großer Höhe rechts der Heringstein, links das Bärenhorn.

Man geht nach links steil den Weg hinauf, der mit alten Sandsteinquadern gepflastert ist (grüner Strich).

Nach 100 m gabelt er sich und man wandert ohne Markierung geradeaus weiter. Zwischen zwei großen Felsbrocken hindurch, mal links, mal rechts schwenkend, streben wir am Rand einer Trockenschlucht hinauf. Nach 300 m steht ein großer, gespaltener Felsblock quer im Grund. Vor ihm quert im **Försterloch** ein Wanderweg mit dem roten Strich (1 Std.). Diesem folgen wir steil nach links empor in Richtung Hinteres Raubschloss (Winterstein). Zunächst gelangt man jedoch an die imposanten **Bärenfangwände.** Links über der Schlucht sieht man im Profil den Heringstein, dessen Gipfelregion einzelne Bäume krönen und der scheinbar in drei höckerartige Nebengipfeln nach links abfällt. Unser Weg läuft um das Kleine und Große Bärenhorn herum und bietet herrliche Aussichten nach Norden.

Es ist einer jener Terrassenwege am Fuße der senkrecht stehenden Wände und über den steil abfallenden Hängen der Schluchten, die typisch für das Sandsteingebirge sind: schön zu wandern, da immer wieder überraschend anders. In nicht zu beschreibender Fülle werden vom Försterloch bis zum Winterstein senkrechte Wände, frei stehende Gipfel, Überhänge, Risse und Klüfte, Winkel, Kanten und Ecken, Pfeiler und Rippen zum Naturerlebnis.

250 m nach der Kante des Großen Bärenhorns wird das Felsareal durch die Schlucht Schusters Loch tief gespalten. Danach erhebt sich vorspringend der Bärenfangturm mit dem Gipfel Elfiturm an der Nordkante, um die der Weg herumläuft. Kurz darauf zerreißt das Hintergründel die Bärenfangwände und zwingt den Weg zu einem Bogen. Zwei neue gewaltige Felsvorsprünge werden erreicht: das **Vordere** und das **Hintere Pechofenhorn** (1.45 Std.). Nach dem Hinteren Pechofenhorn mündet von unten ein Weg. Man geht rechts hinauf und orientiert sich an der Markierung roter Strich. Minuten später senkt sich der Weg steil bergab. Von links unten stößt im spitzen Winkel ein weiterer Weg in der Buchschlüchte hinzu.

Die Wanderung führt kurz darüber am Scheitelpunkt des Weges nach links bergan zum **Winterstein (Hinteres Raubschloss)** weiter, dem geographischen wie emotionalen Höhepunkt dieser Tour, kehrt danach aber hierher zurück.

Vom Scheitelpunkt des Weges wandert man rechts hinab in die **Buchschlüchte,** vorerst ein Stück mit dem roten Strich, dann ohne Markierung rechts bleibend zur **Zeughausstraße** hinab.

Im unteren Teil der Buchschlüchte weist ein Schild rechts zum Hang hinauf, wo der »Bärenfang« zu sehen ist. Möglicherweise war das im Felsboden ausgebrochene Geviert der Kellerbereich eines Wachpostens der Burg.

Die Zeughausstraße geht man rechts 100 m hinauf, bis sie die Höhe erreicht, dann links auf dem breit ge-

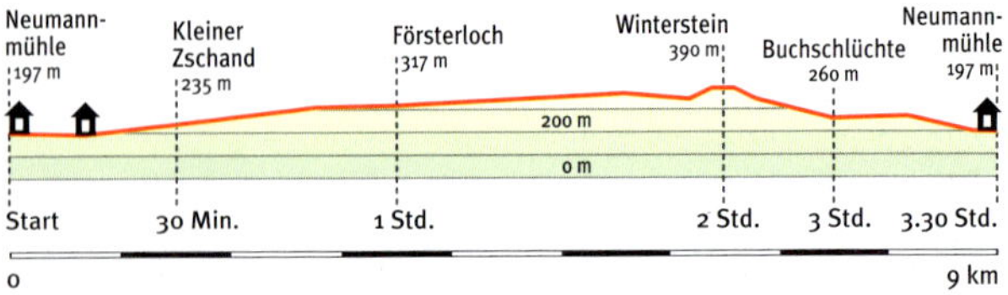

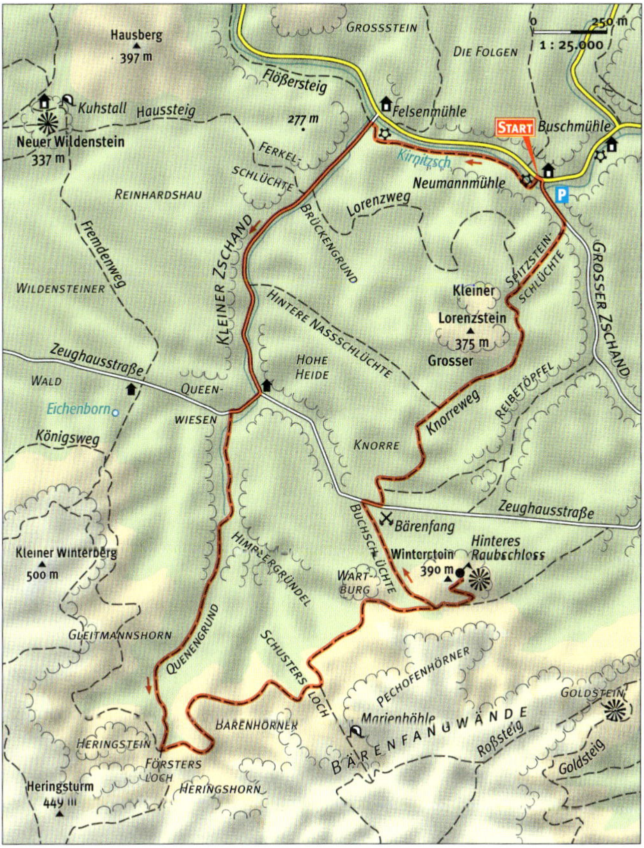

schotterten **Knorreweg** in den Wald hinein. Links türmen sich später mächtig der **Große** und der **Kleine Lorenzstein** auf. Hier achte man auf einen 10 m hohen gespaltenen Stein unmittelbar rechts am Wege. 40 m danach kommt eine ganz flache Senke, in der man den Knorreweg nach rechts verlässt und steil in die **Spitzsteinschlüchte** hinabsteigt. Sie ist kurz, feucht und wildromantisch. Mischwald steht an ihren Hängen aus Felstrümmern und Steilwänden. Alles ist mit dicken Moospolstern bedeckt. Unter Felsüberhängen haben sich kleine, geheimnisvolle Grotten gebildet. Über sumpfige Stellen helfen Knüppeldämme hinweg.

Unmittelbar an ihrem Ausgang gelangt man links in die letzten Meter des Großen Zschand an der **Neumannmühle** (3.30 Std.)

Der Winterstein (Hinteres Raubschloss)

Der Felsstock Winterstein erhebt sich trutzig aus der Waldeinsamkeit heraus. Eiserne Stufen benutzen im

Der Winterstein nach Sonnenaufgang

Süden eine von der Natur geschaffene Einstiegsmöglichkeit. Man beachte hier die ausgemeißelten Falze und Widerlager für einstige Balken, über denen sich im Mittelalter eine hölzerne Vorburg, wohl auch ein verdeckter Wehrgang und Verbarrikadierungen des natürlichen Zugangs befanden. Aus der Felswand ist eine mannshohe Nische halbrund ausgemeißelt. Alte Steinstufen führen weiter nach oben. Man steigt in eine natürliche Höhle ein. Auf ihrem Boden wurde ein Viereck eingetieft, umgeben von Steinbänken an den Wänden. Nach oben hinaus hilft uns die steile Eisenleiter. Über Stufen gelangt man durch enge Schründe zum Plateau.

Der Winterstein trug also einst eine Burg, die 1379 erstmals urkundlich erwähnt wurde. Sie war königlich-böhmischer Besitz und an häufig wechselnde ritterliche Vasallen vergeben. Der letzte war Recke von Wildenstein, der als Raubritter sein Leben fristete. 1441 wurde er deshalb vertrieben, seine Burg gründlich zerstört. Von der Oberburg sind noch Mauerreste vorhanden, ein künstlich erweitertes Felsgemach mit Steinbank und Rauchabzug. An den in den Stein eingemeißelten Falzen für Balkenlager lassen sich Überbrückungen zu den frei stehenden Gipfelteilen rekonstruieren, auf denen sich Wachtürme und eine im Fels eingearbeitete Zisterne befanden.

Neben den Spuren seiner Geschichte, die sich im Bewusstsein nachfolgender Generationen im Namen Hinteres Raubschloss verdichtete, macht die Aussicht vom 390 m hohen Gipfel den Winterstein zur Attraktion.

Auf dem Goldsteig

Von der Neumannmühle durch den Großen Zschand in die Weber- und Richterschlüchte und auf dem Goldsteig zurück

Naturromantik in der Kernzone des Nationalparks: Verschlungene Wege zwischen senkrechten Felswänden und bizarren Gipfeln im Waldesdämmer wilder Schluchten. Von der Goldsteinaussicht überblickt man das Wandergebiet aus der Vogelperspektive.

DIE WANDERUNG IN KÜRZE

++ Anspruch

4.30 Std. Gehzeit

15 km Länge

Charakter: Meistens einfach, aber mit kurzen steilen Anstiegen auf Bergpfaden

Wanderkarten: LVermA, TK 25, Nr. 45; R. Böhm, WK 10, Großer Zschand.

Einkehrmöglichkeiten: Neumannmühle, Zeughaus

Anfahrt: Mit dem PKW: Pirna–Bad Schandau–Neumannmühle–Hinterhermsdorf; Neustadt/Sachs–Sebnitz–Ottendorf/Saupsdorf–Neumannmühle. **Mit dem Bus:** Linie 241 Pirna–Königstein–Bad Schandau–Neumannmühle–Hinterhermsdorf

An der **Neumannmühle** (s. S. 77) wandern wir über die Brücke in den **Großen Zschand** hinein (gelber Strich). Es ist eine 6 km lange trockene Schlucht, die sich nur mäßig ansteigend bis auf böhmisches Gebiet hinaufzieht und am Gabrielensteig vor Rainwiese endet. Seit dem Mittelalter verlief durch sie eine Fernverkehrsstraße für die schweren Pferdefuhrwerke der Kaufleute nach Böhmen. Heute ist der obere Teil ab Rainsteig leider gesperrt, weshalb wir sie vorher verlassen müssen.

Wir betreten den Großen Zschand zwischen eng stehenden, senkrechten, stark zerklüfteten Felsen, die vom Wald überragt werden. Überhänge, Grotten und eine üppige Vegetation geben der Tour ihre Prägung.

Nach knapp 2 km erreicht man das **Zeughaus** (30 Min.). 1642 wurde ein hölzernes, 1732 das heutige Gebäude zur Unterbringung des kurfürstlichen Jagdgeräts sowie einer Waldarbeiterfamilie gebaut. Im 19. Jh. bewirtete und beherbergte man Fuhrleute und »Schweizreisende«. Ein Forsthaus und das Zollhaus kamen hinzu und es wurde ein Sternplatz der Wanderwege.

Die Wanderung läuft im Großen Zschand geradeaus weiter (grüner Punkt und roter Strich). Felsen und Wald begleiten auch hier das Tal, in das von beiden Seiten Schluchten einmünden. Übrigens: Eine Schlucht nennt der hiesige Dialekt »Schlüchte«. Eine davon ist die Richterschlüchte, die 1,2 km nach dem Zeughaus mit dem grünen Punkt den

Großen Zschand verlässt, an der wir aber vorerst vorbeigehen.

200 m nach dem Abzweig der Richterschlüchte biegen wir nach rechts in die **Weberschlüchte** ein (45 Min.), die durch einen Bergpfad (grüner Pfeil) erschlossen ist, in ihrem oberen Teil aber keinen Ausgang hat, so dass wir wieder an den Abzweig zurückkehren werden. Die vielgestaltige Felsenwelt ist jedoch in beiden Richtungen durchaus reizvoll.

Nach 500 m durch den Wald bilden das Jortanshorn rechts und die Sommerwand links gleichsam eine riesige Eingangspforte. Wir bleiben auf dem Hauptpfad am Grunde der Schlucht, der zunehmend ansteigt. Nach weiteren 500 m wiederholt sich in anderer Form die Situation zwischen Fensterturm rechts und Blauem Horn links. Danach öffnet sich ein Felskessel. Geradeaus geht ein Pfad 100 m in einen Felswinkel zu einer Grotte, aus dem es keinen Ausgang gibt. Nach links kommt man auf dem Hauptsteig nach 300 m zwischen den nun enger stehenden Felswänden zur **Webergrotte** (1.30 Std.). Es ist ein stiller, geheimnisvoller Ort im Felsmassiv der Vorderen Partschenhörner, seitdem der Ausstieg (steinerne Stufen zeugen noch davon) zum Entenpfützenweg hinauf mit der unvergleichlichen Aussicht nach Böhmen hinein gesperrt wurde. Kehren wir also um und wandern zum unteren Schluchtende zurück.

Im Großen Zschand geht es links hinab und nach 200 m links bei der Schutzhütte in der **Richterschlüchte** (2 Std.) erst geruhsam, bald steil hinauf (grüner Punkt). Im oberen Teil gelangt man über drei schräg liegende Leiteranlagen auch hier in einen wilden Felswinkel vor der Richtergrotte links und dem Felsmassiv rechts, das vom Gipfel Richterschluchtturm überragt wird. Hier halte man inne, genieße den Zauber des Ortes. Dann wandere man auf dem **Goldsteig** weiter (2.45 Std.; grüner Pfeil). Er geht unmittelbar an der dritten, d. h. obersten Leiter im spitzen Winkel nach rechts hinab und aus dem Felsenkessel heraus.

Der Goldsteig läuft auf der Terrasse zwischen zwei Gesteinsstockwerken entlang. Links stehen stark gegliederte, durch Verwitterung zerstörte Felswände. Rechts ziehen sich mit abgestürzten Felsbrocken übersäte Berghänge und Schluchten zum Großen Zschand hinab. Der Goldsteig, der sich in ständigen Kurven um Felsecken windet, gewährt gelegentlich schöne Aussichten zurück und zu den Thorwalder Wänden hinüber. Wenn zu den seltsamen Felsgestalten im Dämmer des Waldes und dem Dunst der aus der Tiefe aufsteigenden Feuchtigkeit und Kühle im Herbst auch noch fallende bunte Blätter und der Humusgeruch des Bodens hinzukommen, dann bleibt der Zauber herber Einsamkeit dieser Landschaft unvergesslich.

Nachdem der Fuß des Goldsteins passiert ist, an dem sich eine Bergungsbox befindet, läuft der Gold-

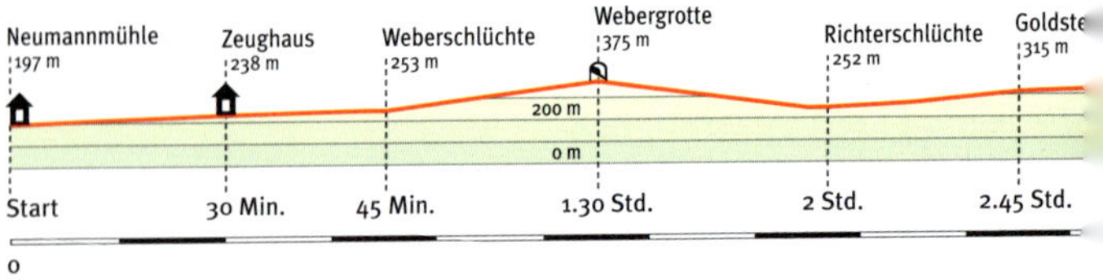

Sommerwand und Jortanshorn über der Weberschlüchte

steig am **Roßsteig** aus (3.30 Std.). Man steige links den Roßsteig hinauf (blauer Strich) zum Höhepunkt dieser Tour. In 10 Min. erreicht man einen Höhenrücken, an dem die starke Steigung aufhört. Hier geht man links zum Abgrund hinüber, wo man

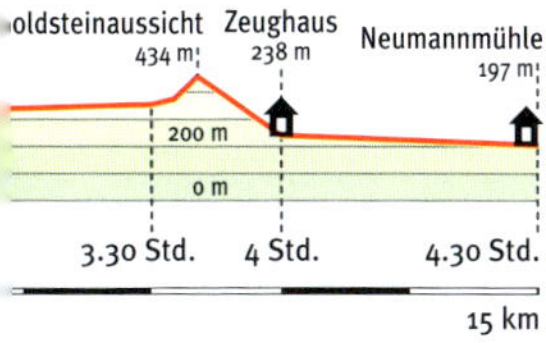

von der **Goldsteinaussicht** die eigenwillige Felsenwelt unseres Wandergebietes und darüber hinaus überblickt.

Schließlich bringt uns der Roßsteig wieder nach rechts hinab in der **Wolfsschlüchte** zum **Zeughaus** (4 Std.), dann der **Große Zschand** mit gelben Strich links gemächlich zur **Neumannmühle** zurück (4.30 Std.).

Von der Neumannmühle durch den Großen Zschand in die Weber- und Richterschlüchte und auf dem Goldsteig zurück

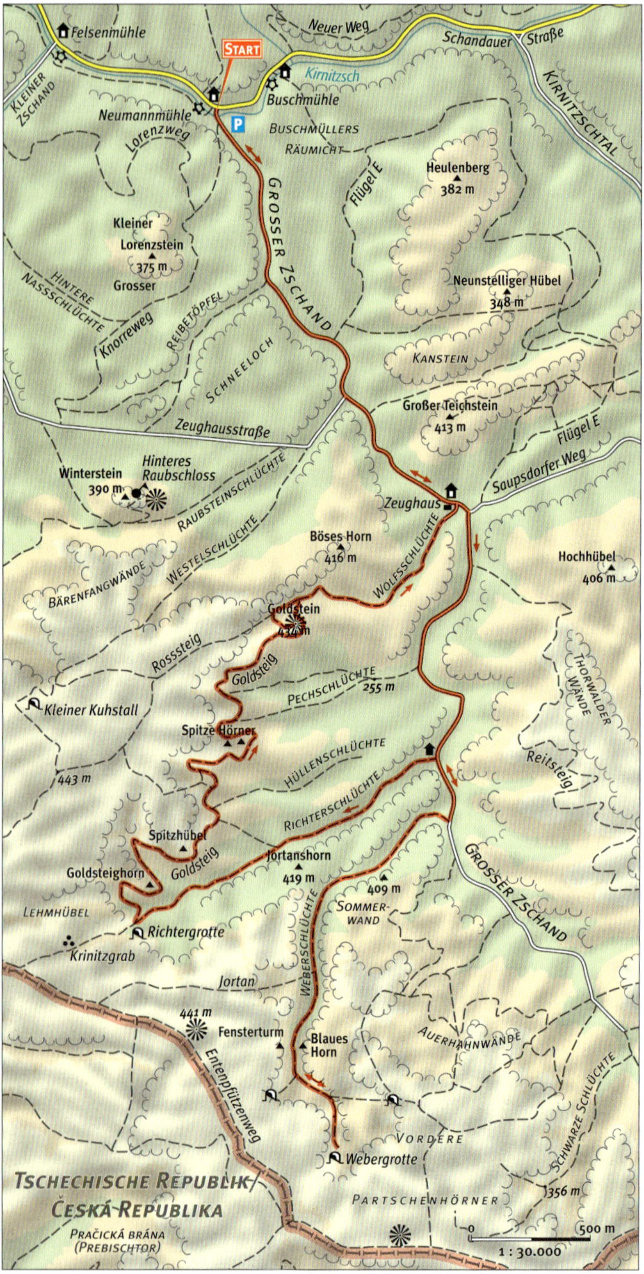

Grenzbäche mit Bootsfahrt

Im Weißbachtal und in der Kirnitzschklamm durch den Hinterhermsdorfer Grenzwinkel

Entlegenheit und Stille bestimmen diese Tour durch die Wälder an Bächen und Felsen entlang, die an alte Märchen erinnert. Eine kurze Bootsfahrt auf der alten Flößerschleuse ist seit 1879 eine Touristenattraktion.

DIE WANDERUNG IN KÜRZE

++ Anspruch

6 Std. Gehzeit

18 km Länge

Charakter: Einfache, aber lange Tour; ab dem Hermannseck Abkürzung möglich

Wanderkarten: LVermA, TK 25, Nr. 45; R. Böhm, WK 10, Hinterhermsdorf und die Schleusen

Einkehrmöglichkeiten: Hinterhermsdorf, Schäferräumicht, Imbiss an der Oberen Schleuse

Anfahrt: Mit dem PKW: Pirna–Bad Schandau–Hinterhermsdorf; Neustadt/Sachs–Saupsdorf–Hinterhermsdorf. **Mit dem Bus:** Linie 241 Pirna–Bad Schandau–Hinterhermsdorf; Linie 268 Sebnitz–Saupsdorf–Hinterhermsdorf

Ausgangs- und Endpunkt ist der Platz an der Gaststätte Erbgericht zu **Hinterhermsdorf** mit Bushaltestelle, Parkplatz und ›Haus des Gastes‹. An der unteren Ecke des Erbgerichts wählen wir nach links den Oberdorfweg. Dort, wo er sich auffächert, geht man geradeaus, dann nach links um das letzte Haus herum auf dem breiten Feldweg zum **Viebigt** hinauf (gelber Strich bis Niedermühle).

Rechts auf der Höhe Taubenstellige steht die **Emmabank** als bekannte Aussicht, außerdem eine Richtfunkanlage für den Flugverkehr. Am Scheitelpunkt unseres Weges erhebt sich links der bewaldete Weifberg mit Aussichtsturm.

An der Gartenecke am **Schäferräumicht** (30 Min.) halte man sich rechts. Links unten steht unter hohen Linden ein altes Gasthaus.Von hier geht es in östlicher Richtung auf dem **Folgenweg,** einer breiten Forststraße, immer geradeaus und bald abwärts weiter, bis man im Tal des **Heidelbaches** auf eine Kreuzung mit Schutzhütte stößt (45 Min.). Wir steigen nach links über das Bächlein hinweg und den ebenfalls breiten **Bammelweg** steil bergan aus dem Tal heraus auf einen Höhenzug, auf dem die **Kalkstraße** (Forstweg; 1 Std.) verläuft. Wir überqueren sie, gehen halblinks in den Wald hinein und auf dem stillen Weißbachweg ins **Weißbachtal,** dem wir nach rechts mit dem Lauf des Wassers folgen.

Das Weißbachtal ist eines der abgelegensten, stillsten und schönsten

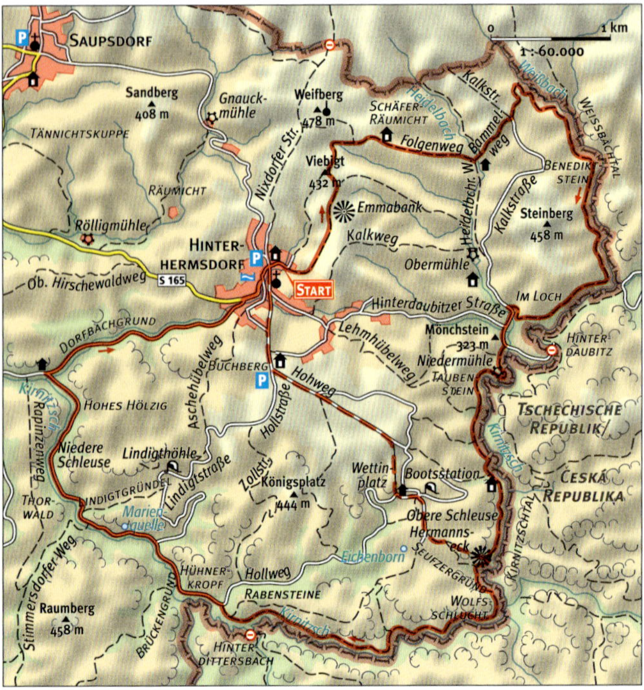

Täler der Sächsischen Schweiz. In Sichtweite stehen weiße Grenzsteine abwechselnd links und rechts des Baches, der Sachsen von Böhmen trennt. Eine geologische Grenze überschreitet man am Stein 21/2: vom Lausitzer Granit- zum Elbsandsteingebirge. Ab Stein 21/7 verengen Sandsteinfelsen das Tal. Im Sommer umfängt den Wanderer angenehme Kühle auf dem bequemen und beschaulichen, unmittelbar am Bach verlaufenden Weg. Von hohen Bäumen beschattet, eilt das klare Wasser dahin. Tierspuren im Waldboden zeigen, dass zwischen Abend- und Morgenstunden das Wild aus beiden Ländern zur Tränke herabsteigt und das Tal durchquert.

Zwischen den Grenzsteinen 21/15 und 21/16 geht man unter einem Überhang hindurch, über dem sich der Benediktstein erhebt. Kurz darunter steht bei den Steinen

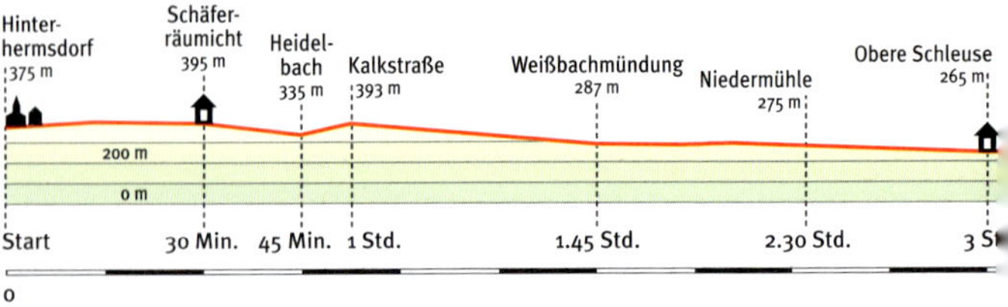

21/23–25 am böhmischen Ufer der Tiroler Stein, auch Teufelswand genannt. Drei abgesprengte Felsplatten sind herabgerutscht und lehnen schräg am Hang.

40 Min. wandert man im Tal, dann mündet der Weißbach in einer Talweitung in die **Kirnitzsch** (1.45 Std.). Dieser Fluss bildet auf 9 km die deutsch-tschechische Grenze. Nach dem dämmrigen Engtal erfreuen nun breite, lichtüberflutete Wiesen das Auge, welche die Kirnitzsch mäanderreich durchzieht, von Erlen und Weiden malerisch begleitet.

1 km unterhalb der Weißbachmündung stehen **Im Loch** zwei sehr alte Umgebinde-Fachwerkhäuschen, in denen einst Waldarbeiter wohnten. Hier klapperte im 16. Jh. auch eine Brettmühle.

Nach den zwei Häuschen schwenkt die Kirnitzsch in einem großen Bogen nach links. Wir gehen zu einem dritten Wohnhaus am Hang hinauf und an diesem vorbei in den Wald hinein. 200 m nach dem Wohnhaus biegt der Fahrweg nach rechts. An dieser Stelle müssen wir ihn verlassen und auf einem leicht zu übersehenden Pfad nach links in den Wald abbiegen. Steil geht es hinab zu einem Steg über den Heidelbach kurz vor dessen Mündung in die Kirnitzsch, wo man auf einer Forststraße am **Mönchstein** steht.

Man folgt der Mühlstraße (auch Neudorfer oder Hinterdaubitzer Straße genannt) links leicht bergan mit gelbem und rotem Strich. Nach 200 m stößt sie wieder auf die Kirnitzsch, an deren linkem Ufer noch Grundmauern der 1945 von der tschechoslowakischen Armee niedergerissenen Böhmischen Mühle stehen. Rechts abwärts gelangt man nach weiteren 300 m zur **Niedermühle** (2.30 Std.).

Seit 1547 bezeugt, aber sicherlich viel älter, liegt sie zwischen Steilhängen im Waldesdämmer ›in einem kühlen Grunde‹, und ihr Mühlrad lief noch 1979 als Antrieb der Schneidemühle. Bis 1945 verlief der Fahrweg geländebedingt ein kurzes Stück auf dem böhmischen Ufer. Zwei Brückenreste zeugen davon.

Da sich das Tal unterhalb der Mühle im Pechloch noch mehr verengt, kommt man unmittelbar am Wasser nicht mehr weiter. Aus dem Mühlenhof heraus geht rechts ein Pfad hinter dem Wirtschaftsgebäude hinauf, läuft auf halber Höhe am Taubenstein vorbei und kommt wieder zur Kirnitzsch zurück. Hier gabelt er sich.

Die Tour folgt dem Weg mit dem roten Strich am Bach entlang, erreicht wieder den Fahrweg, der einst vom böhmischen Ufer herüberkam, und steigt auf ihm über das Tal empor. Dort, wo rechts ein Seitental einmündet, verlassen wir den Fahrweg nach links und betreten den Steig, der uns hoch über der tief ausgewaschenen Klamm der Kirnitzsch entlangführt, bis man die **Obere**

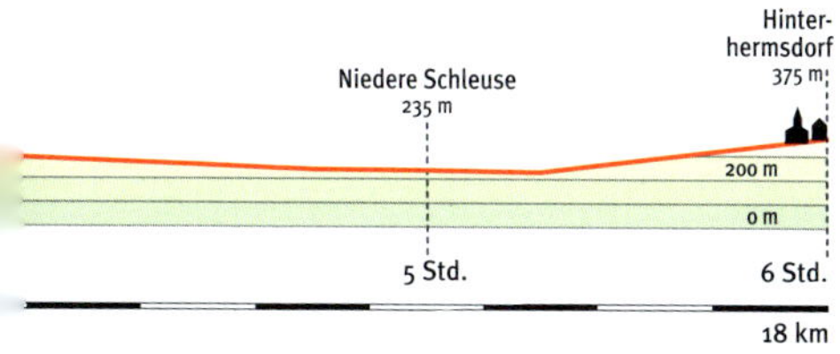

Schleuse erreicht. Wir steigen im Bogen herab zur Bootsstation (3 Std.).

Für den weiteren Weg gibt es zwei Möglichkeiten: Mit dem Kahn in ca. 20 Min. bis zur Sperrmauer, dann über Stufen zum Weg auf die Terrasse hinauf, oder zu Fuß oberhalb der Schleuse flussabwärts (roter und blauer Strich).

Noch 3 km bleibt das Tal eine romantische Wildwasserklamm voller Naturschönheiten. 200 m unterhalb der Sperrmauer steht man am **Hermannseck,** einem Felsen mit einer Aussichtskanzel und der Schlegelhütte. Wer möchte, kann in dem engen, künstlich erweiterten Spalt auf Eisenstufen hinaufsteigen. Der Abstieg befindet sich an der Flanke des Felsens.

Abkürzung: Hier könnte man die Wanderung um 7,5 km abkürzen: Von der Schlegelhütte auf dem Her-

Die Kirnitzsch unterhalb des Hinterhermsdorfer Dorfbachgrundes

mannseck wählt man den Schleusenhornweg mit dem roten Strich bis Wettinplatz. Dort geht es den Hohweg hinauf und später mit dem blauen Strich über den Buchberg nach Hinterhermsdorf weiter.

Nach Schleusenhorn und Hermannseck quert unsere ungekürzte Wanderroute (blauer Strich) durch den Seifengrund (auch Seufzergründel genannt), in dem bis ins 18. Jh. Erzseifen, d. h. Erzwäschen betrieben wurden. Im Schwemmsand des Grundes befanden sich Titan- und Magneteisenkörner, selten auch Edelsteine wie Spinell und Hyazinth.

Der Terrassenweg schlängelt sich auf halber Höhe erst rechts vom Kirnitzschtal weg, dann wieder links zu ihm zurück, an der **Wolfsschlucht** entlang und schließlich in dieser steil bergab durch einen Felstunnel aus Blocktrümmern (Bärenhöhle genannt) ans Ufer der Kirnitzsch (4 Std.). Ab Grenzstein Nr. 28 weitet sich das Tal. Die Wildheit der Klamm weicht einer lieblichen, lichten Wiesenaue, welche die Kirnitzsch mit ausladenden Mäandern ausfüllt. Rechts steht die Wand der **Rabensteine.** Unmittelbar am jenseitigen Ufer standen bis 1945 Forsthäuser und Ausflugsgaststätten der Siedlung Hinterdittersbach, auch Kirnitzschschenke genannt. 2003 soll die Brücke der Alten Böhmerstraße für einen Wanderer-Grenzübergang neu gebaut werden.

Zur Markierung blauer Strich gesellt sich der grüne auf der nun asphaltierten Kirnitzschforststraße. Nach dem Felsen Hühnerkropf rückt die Staatsgrenze spitzwinklig nach Süden von der Kirnitzsch ab. 150 m danach trennen sich die Wegmarkierungen am Brückengrund. Wir bleiben auf dem Weg mit dem blauen Strich am rechten Ufer. Nach der Einmündung des Quasengrundes verengt sich das Tal wieder. An zwei Stellen fließen rechts des Weges Schichtquellen am Fuße der Felsen hervor. Die erste bleibt hinter Strauchwerk versteckt, die zweite, **Marienquelle** genannt, ist eingefasst und nicht zu übersehen.

Unsere Wanderung bleibt am Bach und erreicht die 1612 angelegte **Niedere Schleuse** (5 Std.) mit dem Häuschen auf der Staumauer, die 30 000 m³ Wasser für das Flößen zurückzuhalten vermochte. Nur noch 700 m laufen wir an der Kirnitzsch abwärts, bis das Tal des **Hinterhermsdorfer Dorfbaches** einmündet. Auf dem Dorfbachweg wenden wir uns rechts hinauf. An schmalen Wiesen und schönen Mischwaldrändern vorbei gelangt man nach **Hinterhermsdorf.** Bei einer ersten Weggabelung im Tal halte man sich nach rechts oben, an der nächsten links, bleibt also immer am Bächlein. An alten Fachwerk- und Umgebindehäuschen vorbei gehen wir im Dorf die Hauptstraße entlang, dann links zum Platz am Gasthaus Erbgericht hinauf (6 Std.).

Die Obere Schleuse in der Kirnitzschklamm

1580 wurde dort, wo sich im Tal der Kirnitzsch die Felswände auf 4,5 m einander nähern, ein 700 m langer und an der Staumauer 4 m tiefer Flößerteich aufgestaut. Das im Einzugsgebiet des Kirnitzsch- und Weißbachtals gefällte Holz wurde eingebracht und beim Öffnen der Stauvorrichtung mit der Wucht der Wassermassen donnernd zu Tal geschwemmt. Am Ufer entlang standen Floßknechte mit langen Hakenstangen, um festgeklemmte Hölzer in die Strömung zurückzustoßen. 7,5 km unterhalb der Oberen befindet sich die Niedere Schleuse, von der aus der Vorgang wiederholt wurde. In Schandau mündet die Kirnitzsch in die Elbe. Auf ihr wurde das Holz in Verbundflößen oder auf Schiffen weiter nach Dresden und ins Landesinnere zu den Verbrauchern befördert. Bei den damals benötigten immensen Mengen an Brenn- und Nutzholz war das Flößen eine effektive Transportart, die auf den noch nicht entwickelten Straßen und Wegen und durch Fuhrwerke allein nicht hätte bewältigt werden können. Geflößt wurde im Frühjahr und Herbst, wenn die Flüsse hohen Wasserstand hatten. 1924/25 wurden aufgrund der Kahlschläge wegen der Nonnenplage noch einmal riesige Holzmengen bis zur Kirnitzschtalstraße an der Neumannmühle geflößt. Die Obere Schleuse wäre heute bestenfalls ein technisches Denkmal, wenn nicht eine neue Funktion hinzugekommen wäre: 1879 richtete man eine Kahnfahrt für Wanderer ein, die neben der Flößerei betrieben wurde. Das ließ sie zu einem der besuchtesten Plätze der Sächsischen Schweiz werden.

Auf dem Kahn gleitet man 700 m übers Wasser, in dem sich Forellen tummeln, an sonderbar geformten Felsen, uralten Baumriesen und interessanten Pflanzen am und im Wasser vorbei. Stockenten, Wasseramseln und die so seltenen wie schönen Eisvögel sind in der Kirnitzschklamm noch heimisch. Kommt man in den Morgen- oder Abendstunden hierher, wenn die Stechkähne an der kleinen Waldgaststätte noch oder schon wieder angekettet sind, dann findet man den Frieden dieser einzigartigen Naturidylle wieder, die aber auch im Touristenrummel des Sommers ihren Eindruck nicht verfehlt.

Wildnis der Thorwalder Wände

Von Hinterhermsdorf ins Kirnitzschtal und in den Großen Zschand und über das Große Pohlshorn zurück

Einsame Wälder, tief eingeschnittene Täler, Felsreviere mit frei stehenden Türmen und imposanten Gipfelaussichten, schroffen Steilwänden und Schluchten gehören zu den charakteristischen Schönheiten des Nationalparks.

DIE WANDERUNG IN KÜRZE

++ Anspruch

5 Std. Gehzeit

17 km Länge

Charakter: Weitestgehend einfache Tour, bis auf steile Anstiege und einer hölzernen Steiganlage

Wanderkarten: LVermA, TK 25, Nr. 45; R. Böhm, WK 10, Hinterhermsdorf und die Schleusen und WK 10, Großer Zschand

Einkehrmöglichkeiten: In Hinterhermsdorf und am Zeughaus

Anfahrt: Mit dem PKW: Pirna–Bad Schandau–Hinterhermsdorf; Neustadt/Sachs–Sebnitz–Saupsdorf–Hinterhermsdorf. **Mit dem Bus:** Linie 241 Pirna–Bad Schandau–Hinterhermsdorf; Linie 268 Sebnitz–Saupsdorf–Hinterhermsdorf

Ausgangspunkt dieser Wanderung ist in **Hinterhermsdorf** der Platz am ›Haus des Gastes‹ mit Bushaltestelle und Parkplatz. Zwischen der Gaststätte Erbgericht und dem Feuerwehrhaus senkt sich die Straße. Auf ihr folgt man der Markierung roter Strich, die man erst nach 2 Std. in den Thorwalder Wänden verlassen wird.

100 m unterhalb des Ausgangspunktes teilt sich die Markierung in zwei Richtungen. Wir folgen der rechten hinunter, über die Schandauer Straße hinweg zum Brunnen und geradeaus die nächste Straße überquerend ein kurzes Stück in den Dorfbachweg hinein. Bevor sich Letzterer stärker senkt, geht es links steil im Ortsteil **Beize** hinauf. Malerische Häuschen stehen links und rechts bis zum Waldrand, wo man in den Nationalpark eintritt (15 Min.).

Man geht geradeaus bergab auf eine lange, aber schmale Lichtung zu und überquert diese. Dann wandert man auf dem **Aschehübelweg** in weiten Kurven in leichtem Auf und Ab angenehm durch den Wald und erreicht am Jagen 279 die Kreuzung mit der alten, nur noch als Forstweg dienenden **Lindigtstraße** (30 Min.), die von links oben die Markierung grüner Punkt mitbringt.

Schon nach 150 m verlassen beide Markierungen die Lindigtstraße auf einem Weg nach rechts. Der grüne Punkt läuft 700 m zum Lindigtblick auf die Brüdersteine hinüber. Unser roter Strich kehrt nach 100 m nach links abwärts wieder zur Lindigtstraße zurück.

Nach 300 m auf der Lindigtstraße bildet ein Felsüberhang die **Lindigthöhle.** Wieder 300 m unterhalb dieser verlassen wir die Lindigtstraße nach rechts und treten in das **LIndigtgründel** ein, in dem wir mit angenehmem Gefälle zwischen hohen Felsen ins **Kirnitzschtal** kommen (1 Std.). Nach nur 130 m links verlassen wir das Tal nach rechts über die **Stimmersdorfer Brücke** (1 Std.) und gehen auf dem **Stimmersdorfer Weg** bergan. Nach 1,5 km verlässt man ihn an der Weggabelung, wo von der Gegenrichtung die Markierung grüner Strich hinzukommt, nach rechts mit beiden Markierungen in den **Dreiwinkelgrund** hinein. Nach 600 m muss man halbrechts in den **Treppengrund** wechseln, der bald sehr steil ansteigt und uns über Stufen am Fuße der Felsen zum Sattel der **Thorwalder Wände** am Langen Horn bringt (2 Std.).

Vom Sattel kommt man nach rechts ebenso steil über Leitern und Stufen vor den Wänden hinab zur **Hickelhöhle,** einem Felsüberhang von 45 m Breite und 14 m Tiefe. Unterhalb der Höhle gabelt sich der Weg. Wir folgen dem **Reitsteig** – nun nur mit der Markierung grüner Strich – rechts nach oben. Der grüne Strich wird uns bis nach Hinterhermsdorf zurückbringen.

Bevor der Weg durch ein Felsentor am **Klingermassiv** (2.30 Std.) nach rechts um große Sandsteinbrocken herumzieht, hat man eine grandiose Aussicht in den Großen Zschand und auf das jenseitige Felsareal der Partschenhörner. Vorbei an der Bergungsbox rechts hinter der Felsenecke am Klingermassiv läuft der Reitsteig in großen Schwüngen an den Thorwalder Wänden entlang, die rechts stehen, während links die oberen Ausläufer der Löffler-, Erlen-, Brückner-, Weißtannen- und Rohrkieferschlüchte zu umgehen sind.

Nachdem man an den weit nach links drängenden Gipfeln Thorwalder Wächter und Thorwalder Turm vorbeimarschiert ist, gelangt man an den auslaufenden Felswänden zum Sattel vor dem bewaldeten Hochhübel an einen Wegestern. Scharf links und steil bergab bringt uns der Große Hochhübelweg in den **Großen Zschand** (3.30 Std.). Wir gehen rechts hinein und erreichen nach 80 m das **Zeughaus.** Hier verlassen wir den Talkessel in nördlicher Richtung auf dem Weg **Flügel E** rechts am Fuß des Teichsteins hinauf (grüner Strich).

Auf dem Höhenrücken biegt der Flügel E halblinks ab. Wir halten uns halbrechts und gehen auf dem **Dreisteigensteig** weiter (grüner Strich), der steil durch den Wald ins **Kirnitzschtal** abfällt, es quert (4 Std.) und direkt am anderen Ufer zum Großen Pohlshorn steil aufsteigt. Nach 300 m rechts am Hang hinauf mündet er auf den **Oberen Hirschewaldweg.** 100 m folgen wir diesem

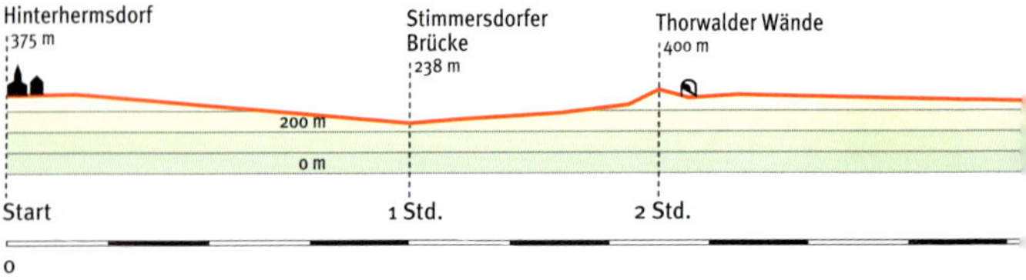

bergan, verlassen ihn nach links über Stufen empor und kommen auf das langgestreckte Plateau des **Großen Pohlshorns** (4.30 Std.). Auf dem Grat nach links geht man zur Aussichtskanzel, die ein einzigartiges Panorama bietet.

Zum Ausgangspunkt auf dem Grat zurückgekehrt, geht man geradeaus weiter. Schon nach 100 m sieht man halbrechts durch die Bäume hindurch Hinterhermsdorf liegen. Dann senkt sich der Weg in einen Sattel und steigt wieder an. Ein Wegweiser lädt zum Besuch des Kleinen Pohlshorns ein, dessen Aussicht jedoch nichts Neues bietet. Gehen wir also geradeaus weiter bis zur Schutzhütte am Wegekreuz. Die Markierung grüner Strich spaltet sich hier auf: geradeaus durch die Mühlschlüchte hinab, rechts nach Hinterhermsdorf. Wir folgen dem Weg rechts leicht bergab. Nach 150 m erreichen wir unter einer großen Eiche wieder den breiten Oberen Hirschewaldweg. Wir gehen ihn nach links bis zur Autostraße, wo sich Bushaltestellen nach Bad Schandau, Hinterhermsdorf und Sebnitz befinden. Nach **Hinterhermsdorf** nimmt man die Straße rechts hinauf (5 Std.).

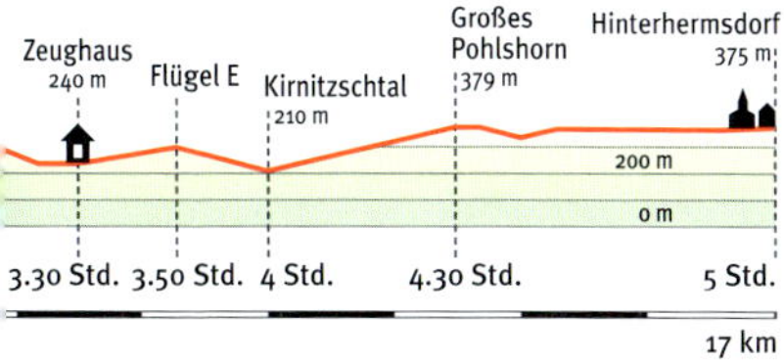

In der Böhmischen Schweiz

Von Herrnskretschen durch die Kamnitzklamm zum Prebischtor
Auf dieser schönsten und berühmtesten Tour in der Böhmischen Schweiz, in der sich das Elbsandsteingebirge auf tschechischer Seite fortsetzt, erwarten uns zwei Naturattraktionen: Durch einen Cañon, der streckenweise nur auf Kähnen befahrbar ist, wandert man durch Wälder zum größten natürlichen Felsentor Mitteleuropas.

DIE WANDERUNG IN KÜRZE

++ Anspruch

5.30 Std. Gehzeit

19 km Länge

Charakter: Einfache, aber lange Tour mit längeren Anstiegen

Wanderkarten: LVermA, TK 25, Nr. 45; R. Böhm, WK 40, Böhmische Schweiz

Einkehrmöglichkeiten: In Herrnskretschen, in der Kamnitzklamm, in Rainwiese, am Prebischtor.

Anfahrt: Mit dem Pkw: Aus Deutschland über Bad Schandau–Grenzübergang Schmilka. Děčín–Hřensko. **Mit der Bahn:** S-Bahn Meißen–Dresden bis Endhaltestelle Schöna; dann mit der Fähre nach Hřensko übersetzen

Geldwechsel: in Herrnskretschen; in den Gasthäusern Zahlung auch mit Euro möglich

In dem zwischen Sandsteinfelsen eingezwängten **Herrnskretschen** (Hřensko) spazieren wir bis an sein oberes Ende hinauf. Im Winkel zwischen den nach links und rechts das Tal verlassenden Autostraßen beginnt die Kamnitzklamm, in die wir auf dem Naturlehrpfad (grüner Diagonalstrich) eintreten (15 Min.).

Malerisch und romantisch ist diese Klamm zwischen teilweise 100 m hohen Felsen. Naturnaher Mischwald und üppige Vegetation im und am Wildwasser, in dem sich Forellen tummeln, angenehme Kühle und Feuchtigkeit im Dämmer des Grundes sowie schnell wechselnde Naturbilder machen den Weg über dem Wasser, unter Felsüberhängen und durch Tunnel zu einem unvergesslichen Erlebnis.

Nach einer Staustufe muss man einen Stechkahn besteigen (1.30 Std.) und sich 20 Min. durch die

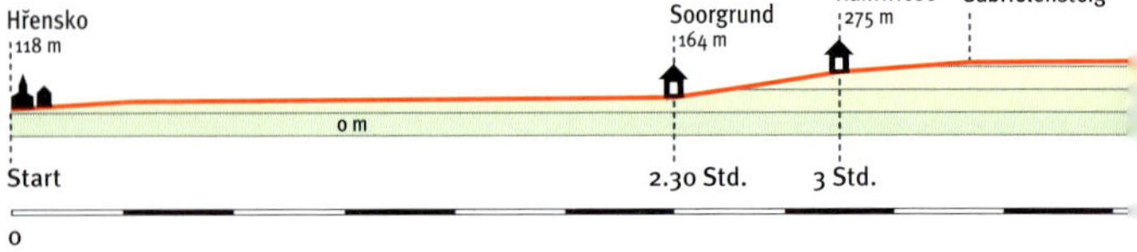

Das Prebischtor

Edmundsklamm, seit 1945 **Stille Klamm** *(Tichá soutěska)* genannt, fahren lassen. Danach gibt es wieder einen Weg zur Stimmersdorfer Brücke (2 Std.).

Unsere Wanderroute führt geradeaus an der Kamnitz hinauf. Die geheimnisvolle Fels- und Schluchtszenerie setzt sich fort und erreicht mit einer Kahnfahrt in der **Wilden Klamm** *(Divoká soutěska)* einen neuen Höhepunkt. Fürst Edmund von Clary-Aldringen ließ 1890–98 die alten Floßstaue in der Kamnitzklamm zu Kahnfahrten herrichten, die Wanderwege anlegen und u. a. die Hotels an der Rainwiese und am Prebischtor bauen, wodurch er diese legendäre Wanderroute erschlossen hat.

Nach der Kahnfahrt geht es am Felsen am Tiefen Grund links über

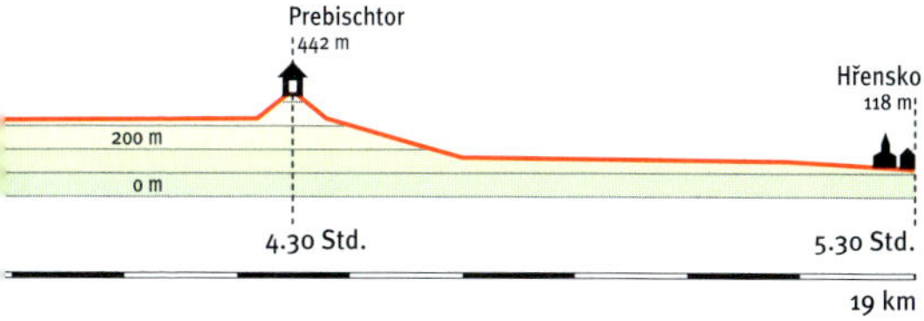

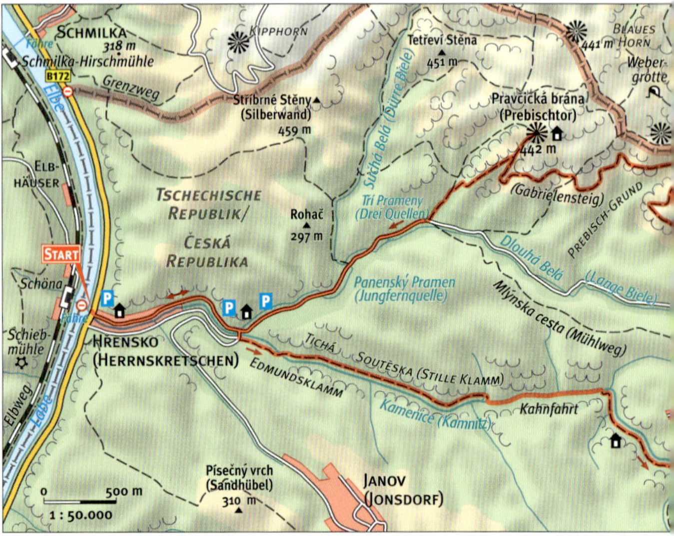

die Brücke und noch 1,5 km an der Kamnitz aufwärts. Dann verlässt man die Klamm nach links in den **Soorgrund** hinauf (2.30 Std.) und erreicht nach weiteren 1,5 km **Rainwiese** *(Mezní Louka;* 3 Std.), wobei man sich an der großen Weggabelung im Wald links halten muss (blauer Strich).

In Rainwiese gesellen sich zum alten Forsthaus das Hotel, ein Campingplatz und ein Parkplatz. Vor dem Hotel Rainwiese überqueren wir die Straße und wandern links vom Forsthaus auf dem **Gabrielensteig** *(Gabrielina stezka)* über den Ziegenrücken hinauf (roter Strich bis Herrnskretschen). Nach 10 Min. muss man rechts an einer ersten Weggabelung im Hohlweg weiter, an der nächsten 5 Min. später nach links und bald über Stufen an die Felswände heran. Im Mischwald zieht der Gabrielensteig kurvenreich an der Fußhalde stark verwitterter, senkrechter Wände gegen Westen entlang, während links steile Böschungen nach Süden ins Tal der Langen Biele abfallen. Immer höher steigt man am Fuß der wabenlöchrigen **Flügelwand** auf und unter ihren Überhängen hindurch. In einer ersten scharfen Rechtskurve umschreitet man das Jägerhorn, in einer zweiten den Beckstein. Auf gleicher Höhe bleibend durchläuft der Gabrielensteig in großem Halboval die gewaltige Naturkulisse des **Prebischgrunds,** der von der Flügelwand, den Senkrechtabbrüchen der Partschenhörner und dem Prebischmassiv im Westen gebildet wird. Nach Jägerhorn und Beckstein überragen der Zuckerhut, die Brüder-, Mai- und Leydetürme die Flügelwand und rechts in der Ecke steht der Große Prebischkegel.

20 Min. umwandert man staunend die Schlucht. Dann wendet sich der Steig nach rechts um die Felsenecke aus ihr heraus. 10 Min. später steht man schließlich an einem Wegedreieck unter dem sandsteinernen **Prebischtor** *(Pravčická brána).* Nach rechts steigt man zum

Hotel Falkennest *(Sokolí hnzído)* hinauf. Man geht auf die Terrasse unter das Prebischtor, schaut in die Tiefe und in die Weite. Hinter dem Hotel führen aus dem Felsgang links Treppen zu Aussichtspunkten auf den **Edmundsstein** (4.30 Std.).

Das Prebischmassiv ist durch tiefe Gründe inselartig freigestellt. Im Südosten steht das Prebischtor, das in seiner Art einzigartig ist und 1410 erstmals als »großes Thor« schriftlich erwähnt wurde. Der hier anstehende Quadersandstein hat ausgeprägte waagerechte Schichtungen von unterschiedlicher Härte und Festigkeit. Mit dem Prebischtor ist eine extrem große Nische ausgewittert und durch senkrechte Risse wohl auch ausgebrochen. Das Tor ist 26,5 m breit und 16 m hoch. Die Mindeststärke der Deckplatte beträgt 3 m.

Von der Aussicht kehrt man an das Wegedreieck am Fuße des Prebischtorfelsens zurück. Nach rechts geht es steil den Gabrielensteig (roter Strich) in Richtung Herrnskretschen (Hřensko) hinab. Nach 30 Min. erreicht man die Straße Rainwiese–Herrnskretschen im Tal der Langen Biele an den **Drei Quellen** *(Tří prameny)*. Sie sind heute mit Trinkwasserpumpstationen überbaut (5 Std.).

Die Wanderroute führt nun auf der Straße an der Jungfernquelle (ebenfalls mit einer Pumpstation überbaut), wo von rechts das Tal der Dürren Biele einmündet, dann am Wasserwerk vorbei. Schließlich erreicht man den Ort am Austritt der Kamnitz aus der Klamm (5.20 Std.). Hier schließt sich die Rundwanderung, und es bleibt nur noch die Rückkehr durch **Herrnskretschen** an die Elbe (5.30 Std.).

Herrnskretschen (Hřensko)

Herrnskretschen entwickelte sich im 15. Jh. um einen *Kretscham,* ein Gasthaus herum. Flößerei, Handel, Schmuggel und Handwerk, Mühlen und Forstarbeiten waren die sozialen Grundlagen des Ortes. Im 19. Jh. zog der Fremdenverkehr ein, der sich zum Massentourismus entwickelte und den Ort auch architektonisch weitestgehend veränderte. 1945 wurde die deutsche Bevölkerung vertrieben. Der Ort verlor seinen Glanz. Doch die herrliche Natur und Landschaft brachten den Tourismus zurück. Im August 2002 erlitt er – wie alle Orte am Elbstrom in der Sächsisch-Böhmischen Schweiz – schwere Hochwasserschäden, die unsere Wanderungen aber nicht mehr behindern.

In der Stillen Klamm (Edmundsklamm) ▷

Im linkselbischen Grenzwinkel

Von Schmilka über die Kaiserkrone und den Zirkelstein ins Gelobtbachtal und an der Elbe zurück

Ein Mühlental, ein Dorf und seine Flur, zwei attraktive Felsgipfel mit Fernsichten, ausgedehnte Wälder und einen einsamen, wilden Grenzwinkel lernt man kennen, bevor man an jener Elbstrecke herabspaziert, wo der Strom in seinem Lauf ein einziges Mal Staatsgrenze ist.

DIE WANDERUNG IN KÜRZE

++
Anspruch

5.30 Std.
Gehzeit

18 km
Länge

Charakter: Einfach bis auf den Anstieg auf den Zirkelstein, der ausgelassen werden kann, und einen mitunter nassen Pfad am Gelobtbach; Abkürzung möglich

Wanderkarte: LvermA, TK 25, Nr. 45

Einkehrmöglichkeiten: In Schöna, Naturfreundehaus am Zirkelstein, Waldschänke am Reuterhof

Anfahrt: Mit dem Pkw: B 172 Pirna–Bad Schandau –Schmilka, dann mit der Fähre zum Haltepunkt Schmilka–Hirschmühle übersetzen. Oder B 172–Bahnhof Bad Schandau–Krippen–Reinhardtsdorf–Schöna, wenn die Wanderung erst in Schöna angetreten wird. **Mit der Bahn:** S-Bahn Meißen–Dresden–Schöna bis Haltepunkt Schmilka/Hirschmühle. **Mit dem Bus:** Linie 250 Bad Schandau–Krippen–Reinhardtsdorf–Schöna; Linie 256 Bad Schandau–Schmilka, dann mit der Fähre übersetzen.

Die Wanderung beginnt am Haltepunkt der Bahn **Schmilka/Hirschmühle** bzw. an der Anlegestelle der Fähre am linken Elbufer.

Auf dem Elbradweg wandert man 700 m stromabwärts bis zur Hirschmühle am Ausgang des **Hirschgrundes,** dann links unter der Bahnbrücke hindurch und im Grund aufwärts (gelber Strich). Die Hirschmühle existierte nachweislich 1570 schon als Mahl- und Brettmühle. 1623 erhielt sie das Schankrecht, brannte 1902 ab und wurde als Dampfsägewerk und Möbelfabrik neu aufgebaut. Schon vor 1990 wurde sie aufgegeben. Im Hirschgrund waren früher mehrere Mühlräder in Betrieb, denn der Bach stürzte wasserreich mit großem Gefälle herab. Die steilen Hänge sind dicht mit Mischwald bestockt, die Bachufer üppig grün, das Engtal leicht dämmrig und kühl.

An der Einmündung des Dorfbaches erreichen wir die Hauptstraße von **Schöna** und halten uns links am Bach die Straße bis zur Dorfmitte hinauf. Alte kleine Häusleranwesen drängen sich an der Straße, während die alten Dreiseitbauernhöfe im Abstand ihrer Hufenbreite dahinter und darüber stehen.

Für den Gang zur **Kaiserkrone** (1.15 Std.) geht man von der Dorfmitte nach links in der Bahnhofstraße bis zum Haus Nr. 24 hinauf (roter Punkt). An ihm führt ein Steig zum Fuß des Steines, dort rechts schwenkend zu den drei Gipfelzacken hoch.

Es handelt sich um Reste eines stark verwitterten Tafelberges. Die Abbrüche und Versandungen haben eine hohe und breite bewaldete Fußhalde gebildet. Die tiefen Einschnitte im Gipfelbereich lassen den zerklüfteten Felsleib als Krone erscheinen, die der Ebenheit aufgesetzt ist. Auf einem kleinen Plateau unterhalb der Westaussicht sind Kopf an Kopf zwei Löwen aus dem Stein herausgehauen worden, die auf einen dritten herabschauen, der unterhalb der Mittelaussicht an einer Bank liegt, aber schon zu einem Torso verwittert ist. Mathematische Berechnungen und daran geknüpfte Spekulationen wollen darin ein frühgeschichtliches magisches Tierkreiszeichen sehen. An der Ostseite steigt man wieder ab und geht auf halber Höhe an den Felsen um die Nordkante herum. An zwei überhängenden Wänden erreichen wir wieder den Aufstiegsweg und gehen ins Dorf zurück.

Die Wanderroute führt vom Haus Nr. 24 zur Dorfmitte nach rechts zurück, geht links die Hauptstraße weiter, über den Dorfplatz hinweg rechts zum Gasthaus Zirkelstein und 100 m nach diesem nach links auf breitem Fahrweg zum **Fuß des Zirkelsteins** mit gelbem Strich hinauf (1.30 Std.). An der Westecke tritt man nach links in den Wald ein. Nach 200 m bergan gabelt sich der Weg. Wir wählen den rechten Abzweig an die Wand des Gipfelstocks heran.

Der Aufstieg zum Gipfel gelingt über eiserne Leitern. Der schlanke Monolith erhebt sich 42 m über die mit Mischwald bestandene Fußhalde. In halber Höhe hat eine auswitternde Schichtfuge zu einer starken Einschnürung geführt und den Gipfel als mächtigen Kopf abgesetzt. Die Aussicht ist noch umfassender als von der Kaiserkrone, weil man hier 34 m höher steht (2 Std.).

Vom Fuße der Felswand geht man nach rechts zum Naturfreundehaus in der **Raubheide** hinab, verlässt den Gebäudekomplex nach rechts und tritt aus dem Wald auf den Fahrweg hinaus. Auf ihm wenden wir uns nach links in südlicher Richtung dem Waldrand zu und gehen vor diesem rechts am Wald entlang zur Siedlung **Reuterhof,** die aus Wohn- und Wochenendhäusern besteht.

Während der breite Weg nach rechts abbiegt, gehen wir geradeaus mit dem gelben Strich an einer Gartensiedlung entlang bis zur breiten Forststraße **Schönaer Marktweg,** auf dem der gelbe Strich fortläuft. Es geht an der Kreuzung also geradeaus und leicht bergan weiter. Links liegt später ein kleiner, künstlich an-

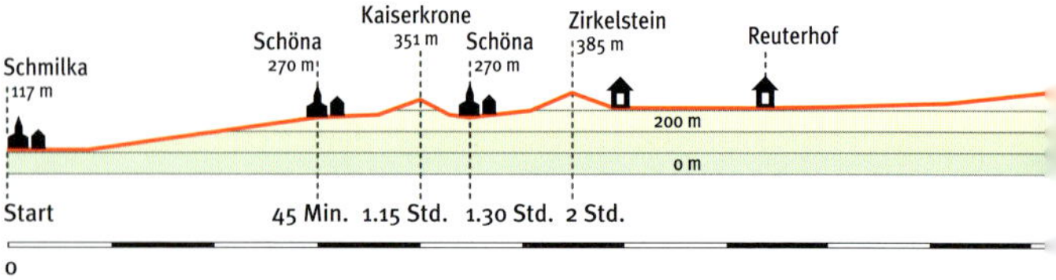

gelegter Waldteich, rechts weiter oben die Quelle **Kalauschenborn** mit einem Rastplatz (3 Std.). 600 m nach der Quelle biegt man an einer Waldwiese unmittelbar vor der Bergkuppe nach links auf den **Alten Marktweg** in den Wald hinein (ohne Markierung). Wir halten uns immer geradeaus, bis der Alte Marktweg auf die **Alte Tetschener Straße** mündet, die den gelben Strich führt.

Nach links folgen wir ihr vorerst leicht bergauf und dann eben weiter. Nach 250 m steht links eine kleine, aber schon 130 Jahre alte Eiche, **›Kreusels Eiche‹** genannt (3.30 Std.). Unter ihr findet man einen Kreuzstein von 1549. Damals wurde hier der Sohn des Schönaer Försters Kreusel von einem Wilddieb erschossen. 225 m nach Eiche und Kreuz senkt sich die Alte Tetschener

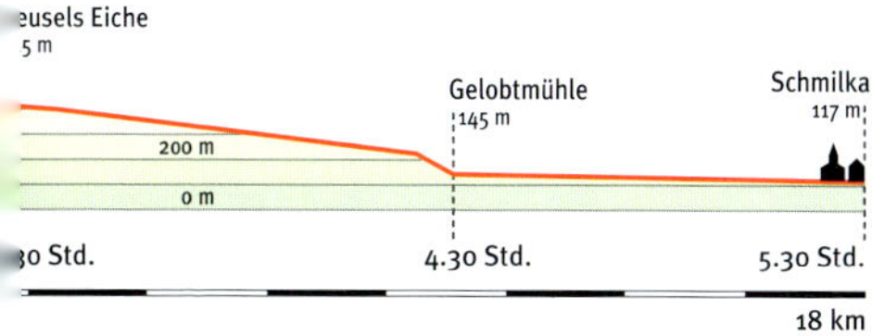

Straße zum Böhmischen Tor hinab. An dieser Stelle verlassen wir die Markierung gelber Strich. Es gehen links und halblinks Wege ab. Wir wählen den linken (ohne Markierung), der weiter unten auf den querlaufenden **Kriegweg** mündet. Nach 600 m auf dem Kriegweg kommt von links als schwaches Rinnsal (oder ausgetrocknet) der **Hertelsgrundbach** herab. An ihm läuft der Kriegweg zur Grenze herab, wo er sich verliert. Wir gehen deshalb an der Kreuzung geradeaus auf dem **Gelobtweg** weiter.

Wiederum nach 600 m liegt links am Weg – dort, wo er aus einer flachen Senke wieder ansteigt – ein Sandstein mit der Inschrift ›Hinter[er] Korn Marcht. 1812‹. Hier wurde heimlich gehandelt, weil Österreich kriegsbedingt die Ausfuhr von Getreide aus Böhmen ins feindliche Sachsen verboten hatte.

Dort, wo von links später der **Quergelobtbach** mit einem Weg herabkommt (4 Std.), verlassen wir den Gelobtweg und folgen dem **Grundweg** rechts hinab. Auch wenn in trockenen Zeiten der Quergelobtbach kein Wasser führt, hat sich doch das Bachbett deutlich im Gelände eingetieft, so dass die Stelle erkennbar ist. 20 m nach dem Abbiegen auf den Grundweg tröpfelt links oben unter dem Gelobtweg die **Ziskaquelle** hervor, an der sich ein Rastplatz befindet.

200 m nach der Ziskaquelle gabelt sich unser Weg. Wir bleiben links auf dem Grundweg vorerst stark bergab, dann mal steigend oder fallend und immer etwa parallel zum Gelobtbach, den man manchmal sieht, manchmal nur hört, wenn er durch Wald verstellt ist. Nach einem längeren Anstieg des Weges steht rechts wieder ein Stein mit der Inschrift ›Korn Marcht. 1812‹. Achtung! Von ihm sind es noch 50 m leicht bergab bis zu einer Wegekreuzung. Der ebenfalls oft ausgetrocknete **Schwarze Pfützenbach** kommt von links oben, begleitet von einem Forstweg, auf den Grundweg herab. Hier muss man seinem Bachbett scharf rechts und steil abwärts auf einem Pfad folgen. Dort, wo nach 200 m links ein erster Felsen steht, gehe man rechts zum Bachbett zurück, um nach 40 m im spitzen Winkel links auf sehr schmalem, steinigem und verwachsenem Pfad an den Gelobtbach zu stoßen.

Das Tal wandelt sich zu einer wildromantischen Felsschlucht – kühl und feucht, verlassen und scheinbar fern jeglicher menschlicher Zivilisation. Umgestürzte Bäume liegen über dem Weg und dem Bach. Nach dem Grenzstein 1/13 kommt von links noch eine Quelle herabgesickert. Das Gefälle wird stärker. Plätschernd eilt das klare Wasser an moosbewachsenen Felsbrocken entlang. Senkrechte, teilweise überhängende Wände und hohe Talhänge drängen im Cañon Bach und Steig eng aneinander. Dieses Stück ursprünglicher Natur im linkselbischen Grenzwinkel ist ein vergessenes Kleinod der Sächsisch-Böhmischen Schweiz.

An zwei rechtwinklig zueinander stehenden hohen, glatten Felswänden fällt der Bach in das alte, gemauerte Bassin des Mühlteiches der **Gelobtmühle** – bis 1965 war sie Brettschneidemühle –, sprudelt heute ungenutzt wieder darüber hinaus und stürzt die letzten Meter zur Elbe hinab. Man geht vom Mühlbecken links oder rechts dicht am Gelobtbach harab. Vorsicht! Beide Pfade sind steinig, feucht und glitschig. Unter der Brücke steht

Die Elbe als Staatsgrenze zwischen Gelobtbachtal und Schiebmühle

zurzeit ein Bauzaun, der den Wanderern jedoch den Durchgang ermöglicht.

Plötzlich steht man auf dem grenzüberschreitenden **Elbradweg** (4.30 Std.), der einst der Treidelpfad der Schiffsschlepper war, und hält sich stromabwärts. Die Grenze verläuft dann in der Mitte der Elbe 3,4 km abwärts, tritt oberhalb von Schmilka auf das rechte Ufer über und zieht nach Osten weiter. Am tschechischen Ufer sieht man Häuser von Dürrkamnitz, dann Herrnskretschen und den Grenzübergang.

Am **Bahnhof Schöna** (5 Std.) kann man die Wanderung beenden, wenn man ohnehin mit der Bahn elbabwärts fahren will, oder noch 1,8 km zum Ausgangspunkt am Haltepunkt **Schmilka/Hirschmühle** wandern (5.30 Std.).

Zum höchsten Gipfel

Von Krippen nach Kleingießhübel und auf den Großen Zschirnstein und über Reinhardtsdorf zurück

Die Ganztageswanderung steigt aus dem Elbtal auf und führt durch kleine Gebirgsdörfer, die längste Zeit jedoch durch große Forsten. Höhepunkte sind weite Aussichten über die Landschaft.

DIE WANDERUNG IN KÜRZE

++ Anspruch

6 Std. Gehzeit

20 km Länge

Charakter: Einfache, aber lange Tour, davon 8 km Anstieg

Wanderkarte: LVermA, TK 25, Nr. 45

Einkehrmöglichkeiten: In Krippen, Kleingießhübel, am Wolfsberg und in Reinhardtsdorf

Anfahrt: Mit dem Pkw: Bad Schandau–Krippen. **Mit der Bahn:** S-Bahn Meißen–Dresden –Pirna–Schöna bis Haltepunkt Krippen. **Mit dem Bus:** Linie 250/251 Bad Schandau–Krippen–Reinhardtsdorf–Schöna/Bad Schandau–Krippen–Kleingießhübel

Ausgangspunkt dieser Tour ist **Krippen** an der Eisenbahnbrücke über den Krippenbach zwischen Bahnhof, Fährstelle, Schiffsanlegestelle und Parkplatz. Auf der Friedrich-Gottlob-Keller-Straße wandern wir im Ort hinauf. Gleich am Anfang sprudelt nach Haus Nr. 17 der Hafeborn als stark fließende Quelle neben der Straße herab.

Krippen entstand als slawischer Fischerweiler. Durch die deutschen Siedler kamen ein adliger Hof, ein Erbgericht, Bauerngüter und später Häusleranwesen hinzu, die sich dicht im Engtal drängen. Viele alte Fachwerk- und Umgebindehäuser haben sich erhalten. Fischfang, Land- und Forstwirtschaft, Steinbrucharbeiten, Schifffahrt und Handel bestimmten das Leben der Dörfler. Getreide-, Holz- und Gesteinsschneide-Mühlen nutzten die Wasserkraft des Baches. Der Fremdenverkehr verdrängte die Landwirtschaft gänzlich. Nur ein wenig Forstwirtschaft und Handwerk blieben übrig. Grüne Tafeln im Ort erklären Sehenswürdigkeiten und die Geschichte von Krippen. Die Hauptstraße trägt den Namen des Erfinders des Holzschliffpapiers Friedrich Gottlob Keller (1816–95), der im Haus Nr. 76 gewohnt hat.

Nach Haus Nr. 20 wechselt man wegen des Autoverkehrs von der Hauptstraße nach links über die Brücke auf den Bächelsteig hinüber, nach Haus Nr. 63 wieder zurück und hält sich weiter am Krippenbach aufwärts, bis von rechts der **Liethenbach** einmündet.

Die Autostraße gabelt sich. Man folgt rechts im Liethenbachtal 200 m

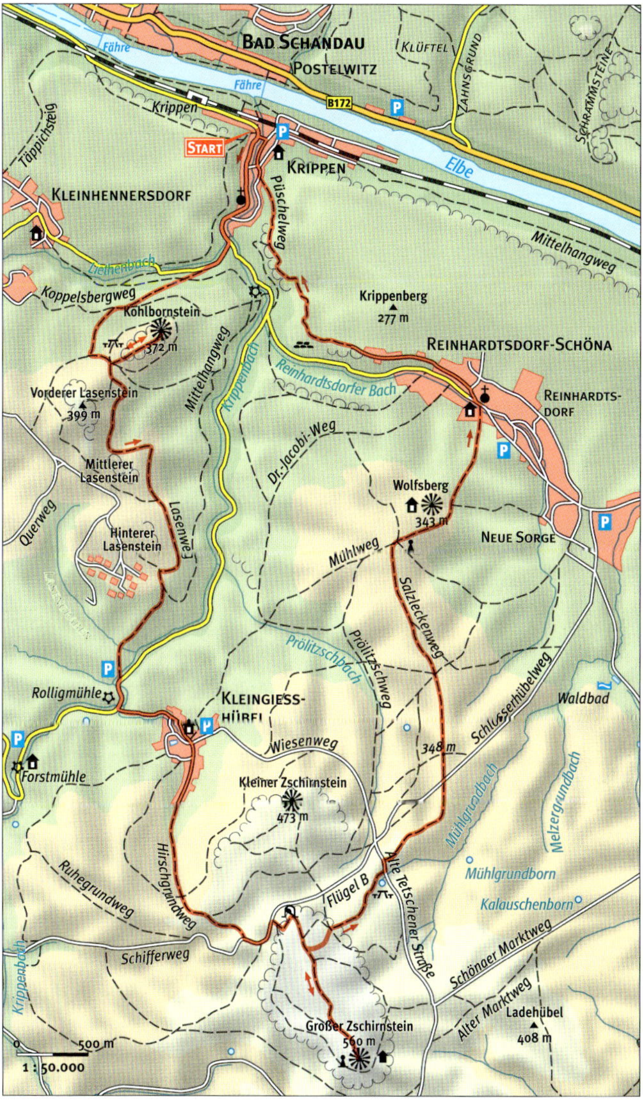

der Autostraße in Richtung Kleinhennersdorf-Papstdorf. Am letzten Haus (Nr. 8) steigt man den **Koppelsbergweg** links im Wald den Hang hinauf (roter Punkt bis Wolfsberg). Man hält sich immer geradeaus, überquert schließlich den breiten Hofeweg und geht dann links weiter bergan. 500 m nach dieser Kreuzung ist der Sattel zwischen Kohlbornstein und Vorderem Lasenstein erreicht, den ein Wegestern und ein

Wandererrastplatz kenntlich machen.

Links leitet ein Pfad, der bald in Stufen übergeht, zum schmalen Plateau des lang gezogenen **Kohlbornsteins** und zur Aussicht hinauf (1 Std.).

Vom Sattel fällt ein Weg scharf links ab, ein anderer steigt steil zum Vorderen Lasenstein auf. Wir nehmen den zwischen ihnen verlaufenden **Lasenweg,** der sich nur leicht senkt und breit und bequem in vielen Windungen auf halber Höhe am **Vorderen, Mittleren und Hinteren Lasenstein** entlangzieht. An der Kreuzung mit dem Sattelweg zwischen Mittlerem und Hinterem Lasenstein geht man weiter geradeaus. Der Weg senkt sich vorerst leicht, dann stärker. Von links mündet der Mittelhangweg hinzu. Nach einer Rechtskurve kommt man erneut an ein Wegekreuz, wo hinter dem Zaun die Bungalows eines Kinderferienlagers stehen.

Links hinunter und nach 200 m geradeaus erneut links hinab erreicht man zwischen Wiesen hindurch den Lasengraben. An diesem bleibt man, bis er in den **Krippenbach** mündet. Über die Brücke kommt man auf die Autostraße Krippen–Kleingießhübel und geht rechts wenige Schritte zur **Rölligmühle** hinauf (2 Std.).

200 m oberhalb der Rölligmühle gabelt sich die Straße und wir gehen links in den Ort **Kleingießhübel** hinauf. Vor Jahrhunderten gab es hier Brauneisensteingruben und eine Eisenhütte, die dem Dorf den Namen verlieh. Umgebinde- und Fachwerkhäuser des 18. und 19. Jh. zieren das Dorfbild, dessen Bewohner Land- und Forstwirtschaft betrieben und vom Fremdenverkehr lebten, soweit sie nicht zu den Industriestandorten ins Elbtal pendelten.

An der Bushaltestelle in der Dorfmitte, oberhalb der Gaststätte Zschirnsteinbaude, gabelt sich die Straße. Wir wenden uns nach rechts gegen Süden und gehen bald geradeaus zwischen Häusern zum Waldsaum hinauf.

Steil steigt im Wald der **Hirschgrundweg** an und erreicht zwischen Kleinem und Großem Zschirnstein sowie dem Vorderen Würzhübel einen Sattel, auf dem man eben dahinspaziert. Nach 200 m beginnt eine neue Steigung. An der ersten Kreuzung gehen wir geradeaus, an der zweiten (nach 200 m) folgen wir links dem breiten geschotterten **Schifferweg** hinauf.

Mit dem Schifferweg kommt man zum Nordwestfuß des Großen Zschirnsteins. Der Weg wird nach einer Linkskurve eben. Bevor er in eine Rechtskurve schwenkt, verlässt man ihn scharf rechts. Ein Wegekreuz nach 100 m wird geradeaus übergangen. Kurz darauf leiten Holzstufen und eine Serpentine zwischen aufstrebender Felswand und Abgrund am eisernen Geländer auf

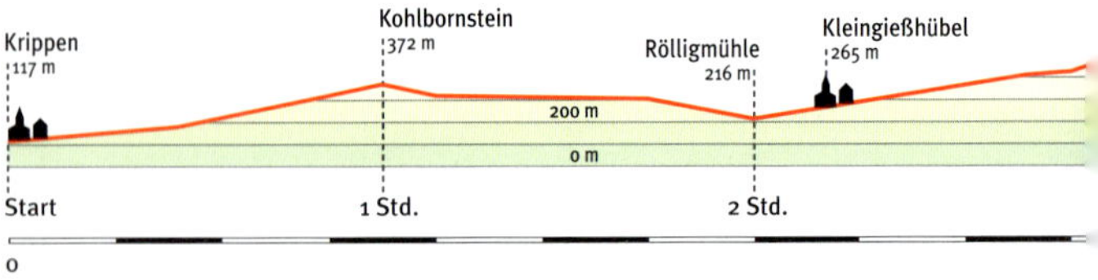

das Plateau des **Großen Zschirnsteins.**

1,2 km lang durchwandern wir die bewaldete Platte, um zum **Mittagsstein,** der Südspitze des Großen Zschirnsteins, zu gelangen (3.30 Std.). Die geneigte Hochfläche vollzieht die Abflachung in gleicher Richtung wie das Elbsandsteingebirge ingesamt.

300 m vom Nordnordwestrand entfernt stößt man auf den geschotterten Zschirnsteinweg, der uns zum höchsten Punkt der Sächsischen Schweiz, auf 560,3 m, bringt. Auf dem Felsblock Mittagsstein steht eine 1865 errichtete Gradmessungssäule und daneben der Tafelstein oder ›Hirschsprung am Steinernen Tisch‹ mit dem hohl aufliegenden Kopf. Am höchsten Gipfel haben die Kräfte der Witterung den Sandstein bizarr modelliert. Neben Frost und Hitze, Wasser und chemischer Zersetzung hat hier auch die Winderosion mitgewirkt. Zerklüftete, scharfkantige Felskanzeln stehen vorgeschoben an schroffen senkrechten Abgründen, die 80 m tief bis zur Fußhalde des Berges reichen, die sich wiederum mit steiler Böschung 80 m über der sie umgebenden bewaldeten Fläche des Zschirnsteinwaldes erhebt, so dass man 160 m über der Tiefe steht. Die Abgründe, Vorsprünge, Zinnen, Überhänge, Rinnen, Klüfte und abenteuerlich schräg über Felsstürzen hängenden Felsbrocken, die aussehen, als müssten sie augenblicklich donnernd in die Tiefe stürzen, werden den Wanderer länger verweilen lassen.

Vom Mittagsstein und der Schutzhütte geht man zu der Stelle zurück, wo wir vom Nordwestaufstieg auf den Zschirnsteinweg gestoßen sind, halten uns an dieser Gabelung aber jetzt mit dem roten Punkt rechts auf dem geschotterten, teilweise grob gepflasterten Weg bergab. Schon nach 100 m verlässt man den Zschirnsteinweg wieder, steigt steil links hinab zu einem anderen Weg unter alten Buchen, quert ihn und taucht in den Nadelwald ein. Nach 650 m mit sanftem Gefälle trifft man auf die breite, geteerte Alte Tetschener Straße. Rechts befindet sich ein Wandererrastplatz, wenige Schritte hinter diesem im Wald die Quelle **Führingsborn.** Auf der Straße wenden wir uns links, verlassen sie jedoch schon 75 m weiter nach rechts in den Wald hinein und erreichen in 100 m Entfernung eine Weggabelung, von der aus wir links den **Salzleckenweg** einschlagen. Bequem läuft er durch stille Forsten und quert dabei den Schlosserhübelweg (4.30 Std.), eine Forststraße, die Kleingießhübel mit Reinhardtsdorf-Schöna verbindet.

1,7 km weiter gelangt man am breiten, geschotterten **Mühlweg** zu einem großen Wegestern. Man geht nach rechts auf eine alte steinerne Wegsäule zu und an dieser vorbei

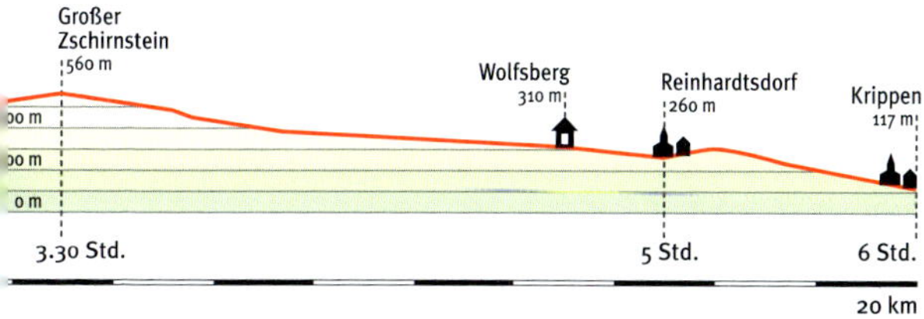

Die Kirche in Reinhardtsdorf

noch 300 m geradeaus weiter bis an die Südostseite des **Wolfsberges**, einer Sandsteinkuppe am Rand der stark geneigten Hochfläche über Reinhardtsdorf. 1865 wurde darauf ein Berggasthaus gebaut, das nach 1945 Dresdner Künstler als Sommerfrische für sich beanspruchten. 1890 entstand daneben das Wolfsberghotel, von dessen Terrasse man einen großartigen Ausblick aufs Elbtal und auf Felsareale der Sächsischen und Böhmischen Schweiz hat, die sich an beiden Ufern darüber erheben.

Der Mühlweg steuert in nördlicher Richtung direkt auf die Kirche von Reinhardtsdorf zu. Wir wandern über die weite, freie Fläche, die von Feldern und Wiesen gebildet wird, der Blick gleitet ungehindert über eine liebliche Landschaft. Die Markierung roter Punkt verlässt uns nach rechts hinab auf dem Weg zur Siedlung Neue Sorge und nach Schöna, während wir geradeaus nach **Reinhardtsdorf** gehen, wo wir in der Dorfmitte den Reinhardtsdorfer Bach und die Hauptstraße erreichen (5 Std.).

Reinhardtsdorf ist ein lang gestrecktes Waldhufendorf aus der mittelalterlichen Siedlungszeit. Aus den Fachwerk- und Umgebindehäusern hebt sich am Nordhang die barocke Kirche hervor, deren spätgotischer Flügelaltar und farbenfreudige Bilder an den Emporen sie zu einer der interessantesten in der Sächsischen Schweiz machen. Wir gehen unter ihr am Pfarrhaus vorbei halblinks die Straße ein Stück abwärts, dann zwischen Häuserzeilen zum **Krippenberg** hinauf. Unsere Wanderung folgt nun bis ans Ende dem grünen Punkt. Malerisch liegt unter uns die östliche Dorfhälfte, während am Horizont vor uns die Lasensteine und der Kohlbornstein stehen.

An einer alten Eiche beim letzten Haus beginnt am Wald der **Püschelweg**. Nach 150 m hält man sich an einer Gabelung links bergab und kommt an drei großen Steinbrüchen und Sandgruben vorbei, die tiefe Wunden in Hang und Wald gefressen haben. Dann beginnt der abwechslungsreiche Püschelweg stark abzufallen und sich durch Wald und Fels zu schlängeln. Vor einem Haus am Hang geht man links über Stufen nach **Krippen** hinab (6 Std.).

Die Rölligmühle

1584 erwarb der böhmische Glaubensflüchtling Peter Röllig die 1561 erstmals urkundlich erwähnte Rölligmühle am Krippenbach. Im Laufe von Generationen wurde sie ständig erweitert: Graupen-, Öl-, Loh- und Brettschneidegänge sowie ein Mühlsteinbruch kamen hinzu, um 1875 auch ein Schank- und Beherbergungsrecht. 14 Giebel zählte das Anwesen, die aber nicht alle überdauerten. 1904 wurden ältere Gebäude abgerissen und eine neue Mahlmühle errichtet. Die Gaststätte und das Mühlrad blieben jedoch erhalten. Die Mühlenromantik der letzten zwei Jahrhunderte, die Lage ›in einem kühlen Grunde‹ am Wanderweg, die lange Tradition als Familienbesitz und die ländliche Gastronomie ließen die Rölligmühle zur Legende werden, zumal bis 1965 noch Korn gemahlen wurde.

1969 hat sie der letzte Müller an ein staatliches Druckmaschinenkombinat verkauft, versorgte aber die Gaststätte und das darin eingerichtete Ferienheim mit seiner Familie weiter. 1984 feierte man das 400. Jubiläum der Rölligmühle. 1991 wurde unter den Bedingungen der Marktwirtschaft die inzwischen stark sanierungsbedürftige Einrichtung geschlossen und verfällt seither. Eine Tochter des Müllers Röllig hat das denkmalgeschützte Anwesen zurückgekauft.

Tour 23

Papststein

Von Bad Schandau durch Kleinhennersdorf, Papstdorf und Cunnersdorf und über den Papststein zurück
Aus dem Elbtal ansteigend, über lichte Fluren auf Hochebenen, durch alte Dörfer, durch große Wälder und tiefe Gründe wandert man zu Aussichten auf zwei Felsgipfel hinauf.

DIE WANDERUNG IN KÜRZE

++ Anspruch

5.30 Std. Gehzeit

19 km Länge

Charakter: Einfache, aber längere Tagestour mit zwei Felsaufstiegen über Stufenanlagen

Wanderkarten: Auf je zwei Blättern: LVermA, TK 25, Nr. 44 und 45; R. Böhm, WK 10, Bad Schandau und Umgebung und WK 10, Festung Königstein und die Tafelberge. In einer Karte: R. Böhm, WK 40, Sächsische Schweiz

Einkehrmöglichkeiten: In allen Orten unterwegs sowie auf dem Papststein

Anfahrt: Mit dem PKW: B 172 Pirna–Königstein–Bad Schandau; Neustadt/Sachs–Sebnitz–Bad Schandau; Hinterhermsdorf–Bad Schandau.
Mit der Bahn: S-Bahn Meißen–Dresden–Pirna–Bad Schandau–Schöna.
Mit dem Bus: Linie 241 Pirna–Königstein–Bad Schandau; Linie 244 Cunnersdorf–Papstdorf–Bad Schandau; Linie 260 Sebnitz–Bad Schandau

Vom Elbkai in **Bad Schandau** lasse man sich von der Bahnhofsfähre direkt ans andere Ufer bringen, was dem Fährmann aber ausdrücklich kundzutun ist, da die ehemalige Bornfähre eingestellt worden ist. Am linken Ufer gelangt man durch den Fußgängertunnel auf die Autostraße, die man überquert.

Hier beginnt der **Täppichtsteig** schräg nach rechts am Hang zum Wald hinaufzuziehen (roter Strich). Der steile, uralte Weg bringt uns in 15 Min. auf die Ebenheit, wo sich zwischen Feldern eine weite Rundsicht auftut. An einem Dreiseithof vorbei erreicht man **Kleinhennersdorf** am Haus Nr. 61 (alte Schule).

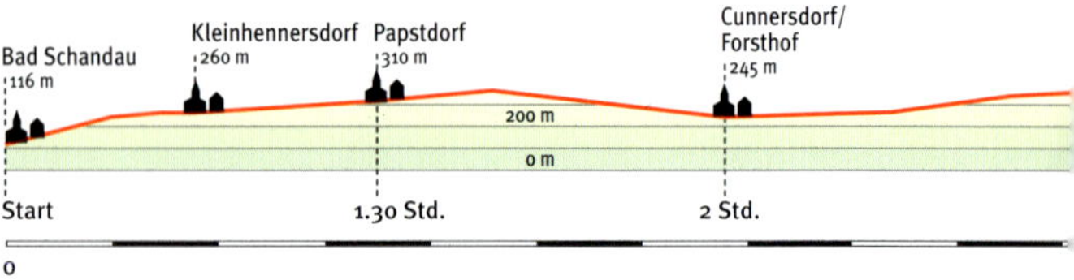

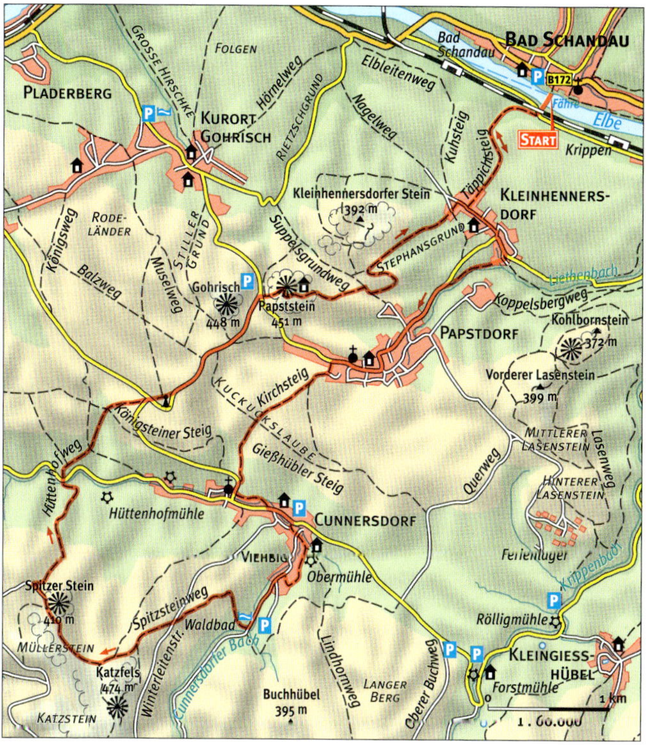

Man schlendert ohne Markierung die Hauptstraße nach links hinab und entdeckt alte Höfe und Umgebindehäuser. In der Dorfmitte, an der alten steinernen Wegsäule von 1769 und dem Löschteich biegt die Straße rechts nach Papstdorf hinauf. Wir aber gehen noch 100 m geradeaus und unmittelbar nach dem Haus Nr. 22 rechts steil einen Weg hinab. Bereits nach 150 m wenden wir uns erneut nach rechts und spazieren zwischen den Häuschen oberhalb des **Liethenbaches** zum Dorf hinaus (roter Punkt). Tief hat sich der kleine Bach in den Sandstein eingegraben. Am Ende der Gärten steigen wir rechts am Hang hinauf und erreichen kurz vor **Papstdorf** die Straße (1.30 Std.).

Das Ortsbild wird von der 1778 erbauten spätbarocken Kirche be-

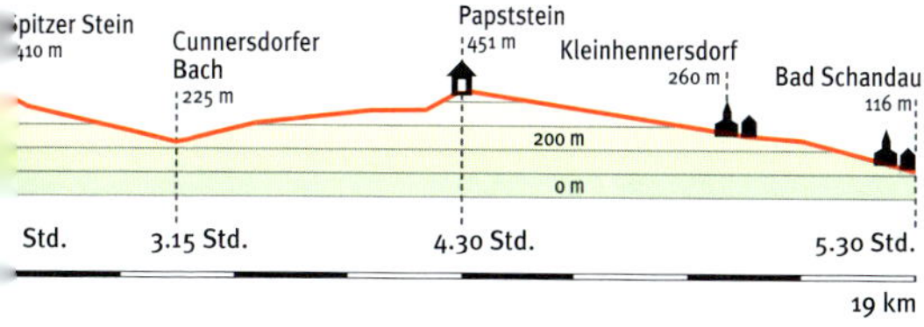

herrscht, auf die wir geradewegs zugehen. Beim Kriegerdenkmal, wo die Hauptstraße eine scharfe Kurve nach links hinauf macht, kann man mit der Straße weiterziehen, vorbei am Gasthaus Erbgericht. Man kann aber auch geradeaus am ehemaligen Immenheim zur Kirche hinaufgehen. Der Weg führt links an ihr vorbei und kommt auf die Straße zurück. Nach seiner Einmündung achte man darauf, dass 100 m weiter oben die Wanderung auf dem alten **Kirchsteig** zwischen den Häusern nach links Richtung Cunnersdorf abbiegt (roter Strich).

Vor einem ersten alten Bauernhof schwenkt der Kirchsteig nach rechts zu einem zweiten und geht links an ihm vorüber zur Höhe hinauf. Erneut öffnet sich eine weite Rundsicht. Zwischen Feldern wird die Kuppe der Ebenheit überschritten. Der Weg senkt sich und bildet mit dem querenden Grießhübler Steig eine Kreuzung. Geradeaus zwischen den zwei

Bad Schandau

Wäldchen an der Kuckuckslaube hindurch und über Wiesen hinab kommen wir zur neoromanischen Kirche von **Cunnersdorf.** Links geht man ins Dorf hinab und noch vor der Brücke links zwischen den Häusern am Bach hinauf (gelber Strich). Die Hauptstraße erreichen wir wieder an der Gaststätte Erbgericht und am Forst- bzw. Friesenhof (2 Std.). Das reiche Erblehnrichtergut wurde 1556 zum kurfürstlichen Forsthof erhoben.

Die Hauptstraße gabelt sich und man geht rechts über die Brücke auf den großen Platz vor dem ›Deutschen Haus‹. 150 m nach dem Platz wendet man sich nach rechts, überschreitet den Cunnersdorfer Bach und wandert an ihm aufwärts, vorbei an den alten Fachwerkhäuschen im Ortsteil Viehbig. Dann erreicht man das **Waldbad.**

An der oberen Ecke des Badegeländes wandern wir über die Brücke rechts hinauf (grüner Punkt und grüner Diagonalstrich). Der Weg wendet sich bald steil nach links hinauf. An einer Gabelung geht links der Mittelhangweg ab, wir aber wandern rechts steil bergan. Die grünen Markierungen biegen auf der Hochebene im Wald links auf einen Pfad ein, und wir treffen 180 m weiter auf die Winterleitenstraße mit einem Rastplatz. Geradeaus folge man den grünen Markierungen auf dem Spitzsteinweg weiter. An der nächsten Kreuzung mit dem Mäusebornweg und einem weiteren Rastplatz biegt der grüne Punkt nach oben ab. Wir bleiben auf dem Spitzsteinweg, ab hier mit dem gelben Strich geradeaus. An der Gabelung nach 150 m steht links der Müllerstein. Wir halten uns rechts zum **Spitzen Stein** hinüber und zur Aussicht hinauf (3 Std.).

Vom Spitzen Stein läuft der Weg hinter der Eisenleiter rechts hinab. An einer Gabelung biegt der gelbe Strich nach links ab, während wir geradeaus ohne Markierung zu einem 400 m entfernten Wegestern hinab müssen. Dort folgt man halblinks dem **Hüttenhofweg,** einem Hohlweg, bis zum Cunnersdorfer Bach und zur Autostraße Cunnersdorf–Königstein hinab.

Wir queren nun das Tal, indem wir auf der Straße 100 m nach links abwärts gehen. Unmittelbar nach der Rechtskurve setzt sich der Hüttenhofweg nach rechts hinauf fort. Nach 50 m geht es am Richtungsweiser Gohrisch/Papststein erneut nach rechts. 400 m oberhalb der Straße überqueren wir einen Waldweg. Nach 30 m schwenken wird leicht halblinks und treffen nach 250 m auf einen Wegestern. Hier kreuzt der Königsteiner Steig, endet der Hüttenhofweg und beginnt der **Todweg.** Letzterem folge man mit dem roten Punkt bergan bis zur Autostraße von Pfaffendorf nach Cunnersdorf und Papstdorf.

Man überquert die Straßengabelung geradeaus und geht am alten steinernen Wegweiser wieder den Weg in den Wald hinein. Bald darauf erreicht man erneut die Straße und muss auf ihr 1,1 km bis zum Sattel – auch Galgen genannt – zwischen dem Fels Gohrisch und dem Papststein hinauf, wo auch die Straße Kurort Gohrisch–Papstdorf einmündet und sich ein Parkplatz befindet.

Wir orientieren uns weiterhin an der Markierung roter Punkt und steigen vom Sattel zum 100 m höher liegenden Gipfel des **Papststeins** hinauf. Links, an der Nordecke des Massivs erheben sich über dem tiefen Rietzschgrund, der ins Elbtal abfällt, zwei abgetrennte, stark verwitterte Felsen: die Große und die Kleine Hunskirche. Im zentralen Gipfelbereich steht seit 1862 ein Berggasthaus (4.30 Std.). Der Aussichtsturm ist gesperrt, die Fernsicht von verschiedenen Punkten des Gipfelareals aber dennoch umfassend möglich. Im Nordosten bilden die Höhenlinien des Zittauer Gebirges den Horizont, nach rechts schließen sich Berge des Böhmischen Mittelgebirges an. Um uns herum, auch später beim Abstieg, imponieren die Einzelgipfel, Wände, Überhänge, Vorsprünge, Terrassen, Abgründe und die vielgestaltigsten Verwitterungsformen.

Zwischen den Gebäuden des Gasthauses gegen Osten steigen wir ab, erst steil über Stufen, dann allmählicher auf Felsbändern und schließlich noch einmal steil durch eine Schlucht. Im Sattel zwischen Papststein und **Kleinhennersdorfer Stein** kommt man auf den **Suppelsgrundweg.**

Auf diesem wendet man sich wenige Schritte nach rechts. Am Wandererrastplatz verlassen wir sogleich den Suppelsgrundweg und den roten Punkt. Mit dem roten Strich wenden wir uns nach links und gehen am Waldrand an der Ostseite der Fußhalde des Kleinhennersdorfer Steines bequem leicht bergab, rechts auf das Wiesental des **Stephansgrundes** blickend, in dessen oberem Stück sich ein Wildgehege befindet.

Zwischen Einfamilienhäusern hindurch kommt man auf die Hauptstraße von **Kleinhennersdorf,** wendet sich 75 m nach rechts und erreicht einen Platz mit einer Eiche am Haus Nr. 61 (alte Schule). Hier biegt man nach links auf den **Täppichtsteig** ein (roter Strich). Auf ihm kehren wir nach **Bad Schandau** zurück (5.30 Std.).

Tour 24

Rosenthal

Von Rosenthal zum Fuchsteich und Taubenteich und zurück

Aus dem alten Waldhufendorf Rosenthal in breiter Talaue steigt man auf die Hochfläche zur tschechischen Grenze hinauf und wandert durch Hochwald und an Waldbächen entlang.

DIE WANDERUNG IN KÜRZE

+ Anspruch

4 Std. Gehzeit

14 km Länge

Charakter: Leichtes Wandern auf Forststraßen und Waldwegen

Wanderkarte: LVermA, TK 25, Nr. 44

Einkehrmöglichkeiten: Nur in Rosenthal

Anfahrt: Mit dem PKW: Pirna–Langenhennersdorf –Bielatal–Rosenthal; Bad Schandau–Königstein–Bielatal–Rosenthal. **Mit Bahn und Bus:** S-Bahn Meißen–Dresden–Pirna–Schöna bis Königstein; weiter mit Buslinie 242 Königstein–Rosenthal

Die Wanderung beginnt in der Dorfmitte von **Rosenthal** am Parkplatz unterhalb der Kirche und dem Gasthof Erbgericht bzw. auf dem benachbarten Dorfplatz mit der Bushaltestelle.

Auf der Königsteiner Straße geht es 1 km aufwärts (grüner Strich bis zum Fuchsbach). Nach der Gaststätte Forsthaus gabelt sich die Straße. Wir halten uns links, gehen nach 300 m erneut links durch den Ortsteil **Heide** zur Alten Tetschener Straße hinauf und erreichen den Rand der bewaldeten Hochebene. Geradeaus durchwandert man den Wald und erreicht den oberen Ausläufer des **Fuchsbachtales** (1.20 Std.)

In ihm geht man vorerst rechts zum **Fuchsteich** hinauf (gelber Strich). Es ist ein Floßteich aus dem 16. Jh. unmittelbar an der Staatsgrenze. Hinter der Staumauer ist eine Rinne gemauert, in die früher Holzscheite eingebracht und zu Tale geschwemmt wurden. Die Teichufer sind heute ein beliebter Rastplatz für Wanderer und Radler.

Vom Fuchsteich geht es wieder abwärts. Nach 320 m kommt man an

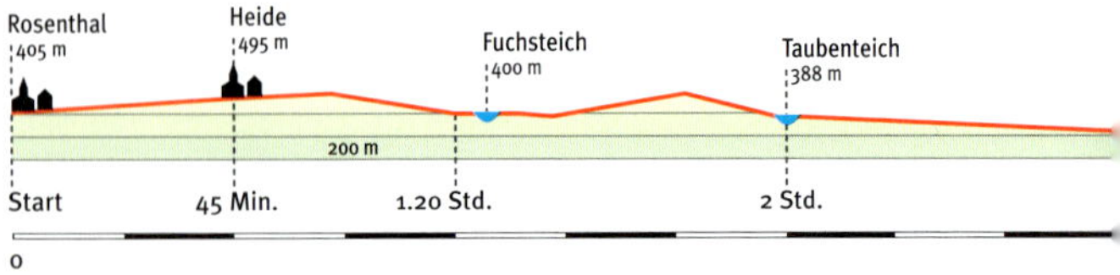

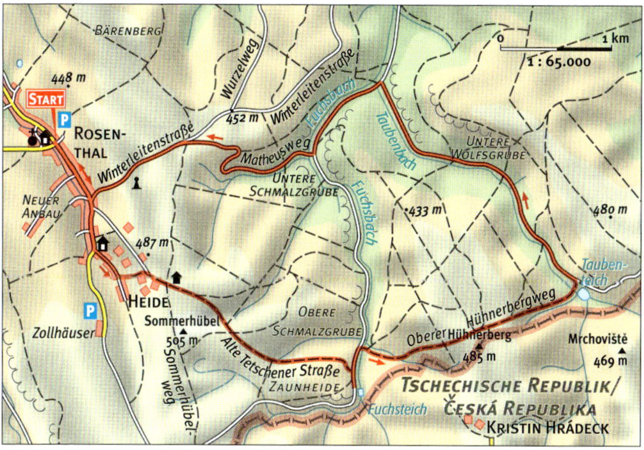

die Alte Flößerbrücke, bei der eine neue Brücke erbaut wurde, über die wir nach rechts das Fuchsbachtal verlassen. An der Gabelung wenige Meter nach der Brücke halten wir uns rechts an den gelben Strich und gehen in Grenznähe auf dem **Oberen Hühnerbergweg** bis zum **Taubenteich** (2 Std.). Auch er ist ein alter Floßstau an der Grenze.

Am **Taubenbach** wandern wir die Forststraße ohne Markierung bergab bis zur Brücke, an der sich Taubenbach und Fuchsbach zum Cunnersdorfer Bach vereinigen. Die Brücke wird nach links überschritten. Auf der Forststraße geht es am **Fuchsbach** nur 1 km hinauf und dann an der Gabelung nach rechts auf dem ebenfalls asphaltierten **Matheusweg** weiter (3 Std.).

Im Wald aufsteigend gelangt man an den Rand der Hochebene und auf die **Winterleitenstraße.** Auf ihr durch die Flur abwärts schreitend (roter Strich und grüner Punkt), schaut man auf Rosenthal hinunter und darüber hinaus bis zum östlichen Erzgebirge und zum Dresdner Fernsehturm. In **Rosenthal** erreicht man die Königsteiner Straße und geht auf ihr rechts zum Ausgangspunkt dieser Tour zurück (4 Std.).

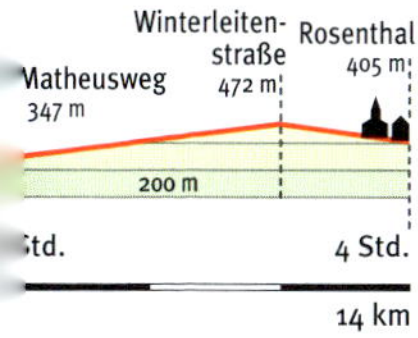

Tour 25

Lampertsstein

Durch die Wälder zwischen Rosenthal und dem Lampertsstein

Stille und Abgeschiedenheit in großen Forsten charakterisieren diese Wanderung, wobei Fernsichten vom Lampertsstein, vom Kohlberg und vom Waldrand über Rosenthal reizvolle Zugaben sind.

DIE WANDERUNG IN KÜRZE

+ Anspruch

3.30 Std. Gehzeit

14 km Länge

Charakter: Leichte Wanderung auf Forststraßen und Waldwegen

Wanderkarte: LVermA, TK 25, Nr. 44

Einkehrmöglichkeiten: Nur in Rosenthal

Anfahrt: Mit dem PKW: Pirna–Langenhennersdorf –Bielatal–Rosenthal; Bad Schandau–Königstein–Bielatal–Rosenthal.
Mit Bahn und Bus: S-Bahn Meißen–Dresden–Pirna–Schöna bis Königstein; weiter mit Buslinie 242 Königstein–Rosenthal

Die Wanderung beginnt in der Dorfmitte von **Rosenthal** am Parkplatz unterhalb der Kirche und dem Gasthof Erbgericht bzw. auf dem benachbarten Dorfplatz mit der Bushaltestelle.

Auf der Königsteiner Straße geht man 600 m aufwärts. Nach der Gerisch-Schmiede und vor dem Haus Nr. 65 wechseln wir nach links auf die **Winterleitenstraße** (grüner Punkt, roter Strich), die uns zu einem Wegestern am Waldrand hinaufbringt. Wir bleiben auf der Winterleitenstraße geradeaus. Nach 350 m steht links eine alte steinerne Wegsäule, 150 m nach dieser gabelt sich der Weg. Wir verlassen die Winterleitenstraße und wandern nach links auf dem **Wurzelweg** bergab (grüner Punkt). An einer erneuten Gabelung nach 600 m bleiben wir links auf dem Wurzelweg ohne Markierung bergab, während der grüne Punkt rechts weitergeht.

Später macht der Wurzelweg eine Rechts-, danach eine Linkskurve. In letzterer kreuzt der **Heuweg,** dem wir nach links bergab folgen (gelber Strich). Nach 200 m fällt er schnur-

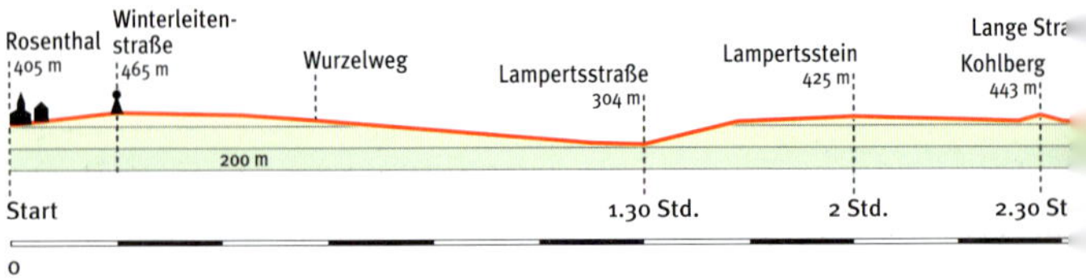

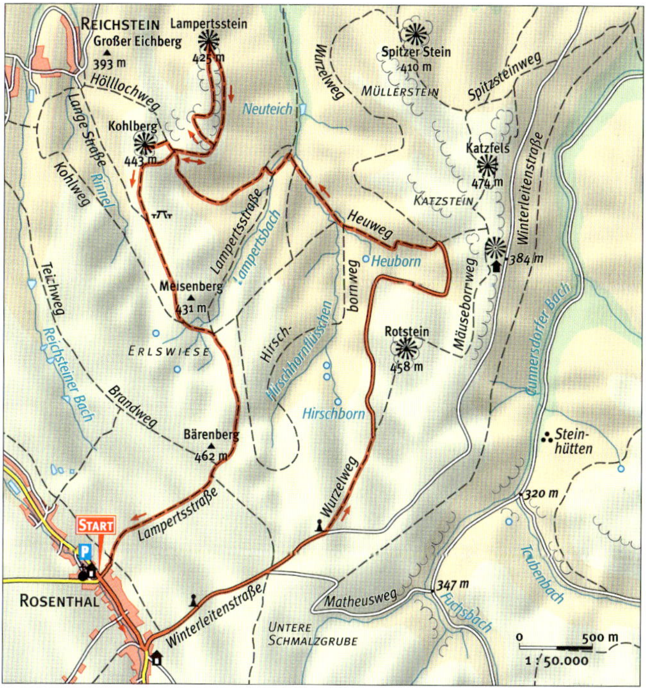

gerade zum Hirschbornflüsschen und Hirschbornweg ab. Beiden folgt man nach rechts bis zum Lampertsbach und zur **Lampertsstraße** (1.30 Std.), der wir nach links 250 m bergauf folgen. Mit der Markierung gelber Strich biegen wir dann rechts den Weg hinauf, der mit Kohlberg, Lampertsstein und Bielatal ausgeschildert ist.

120 m oberhalb der Lampertsstraße führt unsere Route nach links in den Hohlweg. An der nächsten Gabelung bleibt man rechts und kommt zur Kreuzung im Sattel zwischen Kohlberg und Lampertsstein hinauf. Vom Sattel aus führt links im spitzen Winkel ein Weg ohne Markierung gegen Süden. Auf ihm werden wir die Wanderung fortsetzen, wenn wir vom Lampertsstein und vom Kohlberg zurückkommen.

Der Aufstieg zum **Lampertsstein** zieht vorerst rechts an seiner Südseite entlang, steigt dabei allmählich an. An einer Verzweigung geht man geradeaus den Kammweg hinauf, durchstreift das zerklüftete Plateau und sucht, sich rechts haltend, die freie Aussicht auf der Nordspitze auf, zu der man über eine kleine Leiter gelangt (2 Std.). Beim Abstieg von der Nordaussicht führt unmittelbar an dieser Leiter links eine

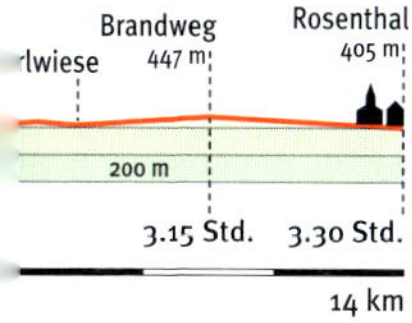

Pfarrweg und Kirche in Rosenthal

zweite in einer Kluft auf einen Weg am Fuß der Wände hinab, der Promenade heißt. Nach rechts umzieht er die Ostseite des Steins und bringt uns zum Anfang des Kammwegs und zum Sattel am Kohlberg zurück.

Von hier führt in westlicher Richtung ein Weg zum Gipfel des **Kohlberges** (gelber Strich; 2.30 Std.). Eine Leiter hilft uns zur Aussicht hinauf, von der man ins Bielatal und auf die Breite Heide vor dem Königstein blickt.

Vom Sattel geht es rechts auf dem Weg, nun ohne Markierung, an der Fußhalde des Kohlberges vorbei durch den Wald hinab. Nach 5 Min. steht man an einem Wegedreieck mit Rastplatz, folgt der schnurgeraden **Langen Straße** (Forststraße) aufwärts und geradeaus auch über die nächste Kreuzung hinweg. Rechts unten liegt das Tal des Bächleins Rinnel, links oben erstreckt sich der Meisenberg, an dessen Südseite die Lange Straße nach links schwenkt und bald die rechts gelegene **Erlswiese** erreicht. Rechts oberhalb von ihr fließen im Wald zwei Quellen, die den Lampertsbach hervorbringen, der hier als Rinnsal den Weg quert.

Von links kommt die **Lampertsstraße** herauf, der wir geradeaus hinauf folgen (grüner Strich bis Rosenthal). An den zwei nächsten Weggabelungen bleibt man jeweils rechts auf der Lampertsstraße. Rechts unseres Weges liegt der breite bewaldete Bärenberg (462 m), geradeaus überqueren wir den breiten **Brandweg** und erreichen den Waldrand. Geradeaus schreiten wir zwischen einem Feld und der Waldecke auf die Flur hinaus.

Nach einer ersten Bodenwelle taucht die Kirchturmspitze auf. Eine zweite wird durchschritten und **Rosenthal** liegt uns wieder zu Füßen. Geradeaus zwischen den Häusern hindurch kommt man direkt zum Dorfplatz zurück (3.30 Std.).

Grenzplatte

Von Rosenthal ins Obere Bielatal zwischen Ottomühle und der Grenze und zurück

Über die Flur von Rosenthal, durch stille Wälder und Bachtäler wandert man zwischen vielgestaltigen Sandsteingipfeln auf bequemen Wegen im Grenzgebiet und schaut ins Nachbarland hinab.

DIE WANDERUNG IN KÜRZE

+ Anspruch

3.30 Std. Gehzeit

14 km Länge

Charakter: Leichte Halbtageswanderung mit nur zwei kurzen steileren Anstiegen

Wanderkarten: LVermA, TK 25, Nr. 44; R. Böhm, WK 10, Bielatalgebiet

Einkehrmöglichkeiten: In Rosenthal, an der Ottomühle

Anfahrt: Mit dem PKW: Pirna–Langenhennersdorf–Bielatal–Rosenthal; Bad Schandau–Königstein–Bielatal–Rosenthal.

Mit Bahn und Bus: S-Bahn Meißen–Dresden–Pirna–Schöna bis Königstein; weiter mit Buslinie 242 Königstein–Rosenthal–Schweizermühle

Die Wanderung beginnt in der Dorfmitte von **Rosenthal** am Parkplatz unterhalb der Kirche und dem Gasthof Erbgericht bzw. auf dem benachbarten Dorfplatz mit der Bushaltestelle.

Auf der Königsteiner Straße und am Dorfbach geht es 300 m aufwärts. Beim Transformatorturm steigt rechts die Straße zum Ortsteil **Neuer Anbau** hinauf (roter Strich), von dem sich ein weiter Blick in die Landschaft bietet. Am letzten Haus schwenkt man nach links, 150 m danach rechts auf den **Mühlweg** durch die Felder (roter Strich und grüner Punkt). Dort, wo sich vor dem Geländeabfall zum Wald der Weg verzweigt, folgen wir dem Fußsteig geradeaus steil zum Wald hinab, der neuerdings auch als Hilmaweg ausgewiesen wird, aber von alters her **Mühlsteig** heißt (30 Min.). Auf ihm gelangt man weiter unten erneut auf den Mühlweg und in die Siedlung **Bielagrund** kurz oberhalb der Ottomühle(45 Min.).

Im Talkessel des Baches drehten sich vom Mittelalter bis ins vorige Jahrhundert die Räder der Otto-, Schwarz- und Wormsbergmühle. Mit dem Industriezeitalter und dem Fremdenverkehr wandelten sie sich auch hier zu Gast- und Beherbergungsstätten, zu denen sich weitere Häuser gesellten. Der Grund ist von bizarren Felswänden und Gipfeln umstellt, die das Tal der Biela bis Schweizermühle hinab zu einem viel besuchten Kletter- und Wandergebiet werden ließen (s. S. 129 f.).

Unsere Wanderung folgt nun der Markierung roter Strich auf der Talstraße nach links aufwärts und nach

Dürre-Biela-Nadel

der zweiten Querung der Biela zwischen den Häusern Nr. 17 und 18 hindurch rechts zum Wald und zum **Wormsbergweg** hinauf. Der Weg steigt nach links steil zwischen Sandsteinen empor, erreicht aber schnell die bewaldete Hochebene, die sich keilförmig zwischen Bielatal im Osten und Glasergrund im Westen bis zur Staatsgrenze im Süden hinaufzieht. Nachdem der Weg den felsigen Steilrand überwunden hat, steigt er nur noch leicht an und läuft breit, bequem und schnurgerade durch den Vorderen Großen Schaftwald.

Von rechts mündet bald die Forststraße Schaftwaldweg aus dem Glasergrund ein. 100 m weiter erreichen wir eine kleine Forsthütte. Hier knickt unser Wormsbergweg ganz leicht nach rechts ab und läuft dann wieder breit und schnurgerade durch den Hinteren Großen Schaftwald weiter.

700 m nach der Hütte biegen wir mit der Markierung roter Strich nach links, 300 m weiter nach rechts und kurz danach erneut nach links bis zum (ausgeschilderten) Aussichtspunkt **Grenzplatte** über dem Abgrund des Bielatals (1.30 Std.).

Man schaut in den 90 m tiefer liegenden Grund, durch den die deutsch-tschechische Grenze läuft. Rechts unten liegt der böhmische Urlaubsort, dessen Name Eiland *(Ostrov)* bestens passt, denn er liegt wie eine Insel im Talkessel zwischen Felsen, Bergen und Wäldern. Seit dem 16. Jh. standen dort ein Hochofen, Eisenhämmer, Schmieden, Mühlen und eine Glashütte. Nachdem sie aufgelassen wurden, entstand auf dem adligen Lehngut ein Dorf mit dem Namen Elend, das man später romantisierend in Eiland umbenannte. Links von der Grenzplatte erheben sich viele markante Felstürme. Dort, wo das Tal nach Norden

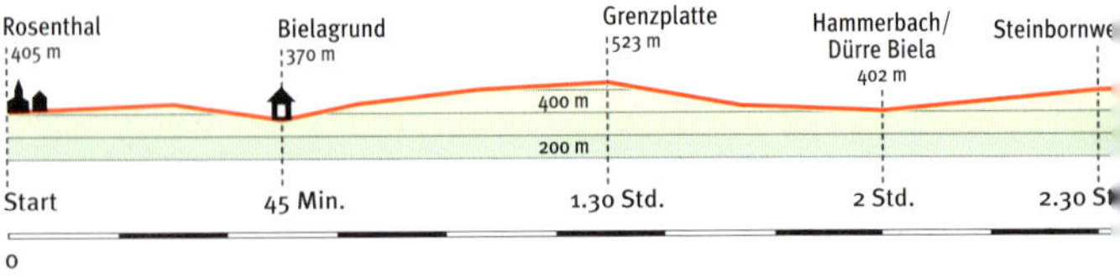

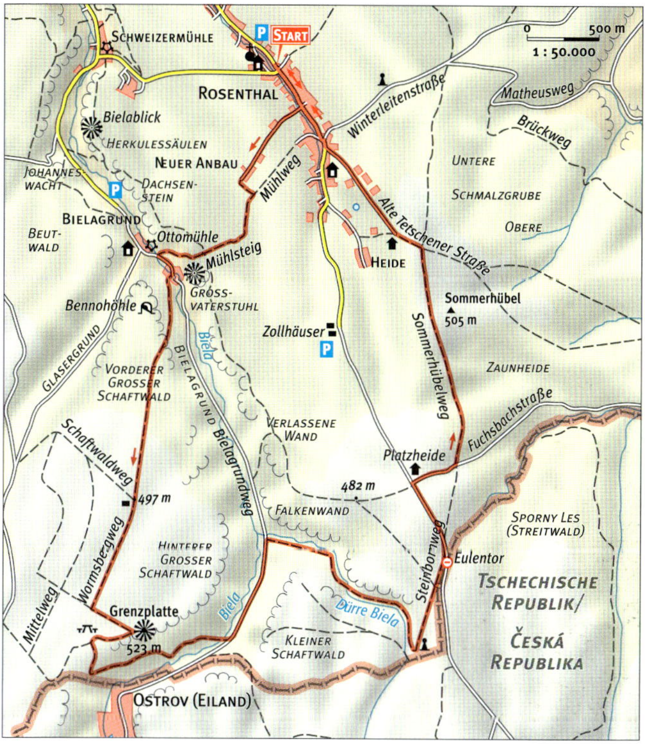

abbiegt, steht – besonders auffallend – der Fels Wachsamer Förster.

Nachdem man die Aussicht genossen hat, tritt man vom Abgrund auf den Weg zurück und schließt sich der Markierung gelber Strich und der Ausschilderung Dürre Biela nach links und bald steil abfallend an. In der Nähe des Felsens Grenzwächter, beim Stein Nr. 20/12, berühren wir die Grenze, gehen durch den Lärchenwald, überqueren die Biela nach rechts und erreichen den Fahrweg im Tal. Rechts befindet sich der Schlagbaum der Grenze, also schwenken wir nach links im Tal abwärts. Nach 700 m mündet von rechts die **Dürre Biela** ein (2 Std.).

Die Wanderung steigt im Tal der Dürren Biela aufwärts (gelber Strich). Der Name deutet schon an, dass dieser Zufluss mitunter trocken liegt. Er kann aber auch sehr lebhaft im romantischen Tal herabstürzen. Das kristallklare Wasser hat Becken und Stufen im Felsbett ausgewaschen. Zerklüftete Talwände sind aus einer ursprünglich kompakten Sandsteinplatte herausmodelliert worden. Jedoch ist ihr Reiz nur so

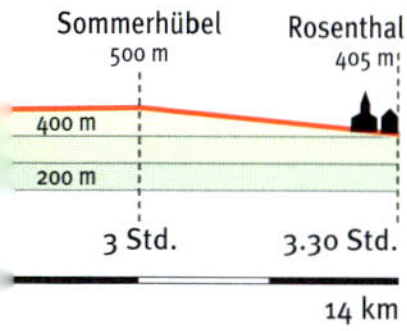

Blick von der Grenzplatte über den Kleinen Grenzturm zum Hohen Schneeberg

lange zu bewundern, wie der Wald vor den Felsen noch jung und kleinwüchsig ist und den Blick auf die Felsen noch nicht verstellt hat. Nach 1,5 km läuft das Tal mit starker Steigung im oberen Teil an einer Grenz- und Wegsäule von 1886 aus. 50 m rechts darüber zieht beim Stein Nr. 18/6 die Staatsgrenze vorbei (2.30 Std.).

Wir wenden uns an der Wegsäule nach links auf den **Steinbornweg,** der zur Forststraße ausgebaut ist (gelber Strich). Nach 700 m und schnurgeradem Verlauf berührt man am Stein Nr. 16 erneut die Staatsgrenze am **Eulentor.** Hier lief bis 1945 die Straße von Königstein und Rosenthal nach Schneeberg und Tetschen durch, wie an einer alten verwitterten Wegsäule gerade noch zu entziffern ist. 1996 wurde sie wieder als grenzüberschreitender Rad- und Wanderweg zum Hohen Schneeberg geöffnet. Wir ziehen nach links weiter, während der Grenzverlauf rechts abschwenkt. Nach 600 m erreicht man die Kreuzung an der Platzheide. Hier steht auch eine Schutzhütte.

Von dieser Kreuzung gehen wir rechts auf der **Fuchsbachstraße** mit dem gelben Strich weiter. Nach 350 m verlassen wir sie wieder nach links auf den **Sommerhübelweg** in den Wald hinein (ohne Markierung). Schließlich erreicht man den Waldrand hoch über Rosenthal. Von rechts mündet die Alte Tetschener Straße mit dem grünen Strich ein und bildet eine Kreuzung, an der sich ein Wandererrastplatz befindet.

Mit großartiger Aussicht über das Dorf und die Landschaft steigt man bequem durch den Ortsteil **Heide** auf die Königsteiner Straße und nach **Rosenthal** hinab (3.30 Std.). Das Dorf kam übrigens erst 1503 durch Gebietstausch von Böhmen nach Sachsen. Die breite Talmulde mit eiszeitlichem Löß-Lehm-Boden bot den deutschen Kolonisten des Mittelalters gute Siedlungsvoraussetzungen.

Urbarocke Sandsteinnatur

Im Bielatal bei Schweizermühle rings um die Herkulessäulen
Als hätte ein Barockbaumeisters seinen üppigen Launen nachgegeben, haben hier geomorphologische Abläufe Attraktionen für Kletterer und Wanderer geschaffen: Bizarre Felsen in großer Zahl auf engem Raum, extrem schief stehende Säulen, überhängende Gipfelköpfe und schmale Felsgassen.

DIE WANDERUNG IN KÜRZE

++
Anspruch

3.45 Std.
Gehzeit

12 km
Länge

Charakter: Einfache Tour, allerdings mit komplizierter Wegführung in Felsarealen und Leiteraufstiegen zu Aussichtspunkten

Wanderkarten: LVermA, TK 25, Nr. 44; R. Böhm, WK 10, Bielatalgebiet

Einkehrmöglichkeiten: An der Ottomühle, Gasthof Raum

Anfahrt: Mit dem PKW: Pirna–Langenhennersdorf–Bielatal–Schweizermühle; Bad Schandau–Königstein–Bielatal–Schweizermühle. Parkmöglichkeit nur auf dem Parkplatz oberhalb Schweizermühle in Richtung Ottomühle.
Mit Bahn und Bus: S-Bahn Meißen–Dresden–Pirna–Schöna bis Königstein; weiter mit Buslinie 242 Königstein–Rosenthal–Schweizermühle

Die Wanderung beginnt an der Bushaltestelle in **Schweizermühle,** einem Ortsteil von Rosenthal im Tal der Biela. Hier standen im 16. Jh. ein Hammerwerk (Oberhütte) und eine Brettmühle. Letztere wurde um 1800 zunehmend als Herberge und Gasthaus genutzt und erhielt 1824 den Namen Schweizermühle. Der Müller ließ 1837 eine bald berühmte Kneippkuranlage bauen, um die eine kleine, idyllisch gelegene Kursiedlung entstand, während die Mühle als ihre Urzelle 1886 abgerissen wurde. Als das Kuren außer Mode kam, wurde aus der Anlage 1912 ein Erholungsheim, nach 1945 eine Lungenheilstätte, später ein Pflegeheim. Der Glanz der Kursiedlung verblich. Manches verfiel, doch blieb der Ruhm der Felsenwelt des Bielatales.

Von der Bushaltestelle geht man 265 m auf der Straße hinab, dann biegt rechts ein Fußweg in den Wald hinein und schwenkt nach 75 m rechs zu den Felsen hinauf (gelber Punkt). Von den Felsvorsprüngen Bastei, **Bertablick** und Wetterfahnenfels kann man ins Bielatal hinabschauen.

Dazwischen liegen abgesenkt zwei amphitheaterähnliche Felskessel, von denen der größere der so genannte ›Gedächtnishain‹ ist. Allerdings ist nur noch der Name erhalten, alle einst vorhandenen Gedächtnistafeln wurden abgeschlagen. Die im Rund stehenden Felswände zeigen eine ausgeprägte Schichtstufenverwitterung.

Man geht weiter nach rechts, kommt auf den Weg am Waldrand zu den Feldern hin und folgt ihm bis zu seiner Ausmündung auf die Autostraße Schweizermühle–Rosenthal. Auf dieser wandern wir rechts abwärts. 50 m vor ihrer Einmündung auf die Straße im Bielatal verlassen wir sie nach links und steigen Steinstufen hinauf, wobei wir uns rechts halten (gelber Punkt). Am Weg liegen rechts Aussichtspunkte, die aber teilweise zugewachsen sind. Sie gehören zum Felsareal der **Zerklüfteten Wand.**

Die Felsen des Bielatales sind meist nur von mittlerer Höhe, erstaunen aber durch ihre ungewöhnlichen Formen der Verwitterungszustände. Durch senkrechte Klüftung sind Türme und Säulen frei gestellt und die waagerechte Schichtfugenerosion hat die Bänderung teilweise so weit getrieben, dass übergewichtige Köpfe, hohlliegende Platten und pilzförmige Überhänge entstanden. Die Herkulessäulen, der Schiefe Turm, der Kanzelturm, der Schraubenkopf und andere stehen zudem so extrem schief, als würden sie augenblicklich umfallen, wenn Bergsteiger auf ihnen herumklettern. Einsturzhöhlen, gestürzte Wände und Bruchblöcke verstärken den morbiden Eindruck, obwohl der hier stehende Labiatus-Sandstein relativ fest ist.

Der Weg läuft im Wald **Vogelbusch** streckenweise zwischen alten steinernen Zaunsäulen entlang. Von den Aussichtspunkten ist der **Bielablick,** zu dem ein Weg nach rechts führt, der lohnendste (1 Std.). 1881 hat man ihn mit einer künstlichen Ruine gekrönt.

Oben folgen wir nicht geradeaus der Ausschilderung ›Kanzelstein‹, sondern gehen vom Bielablick rechts, 15 m nach einer kurzen Felsenenge erneut rechts Stufen hinab und biegen am Fuße der Gipfel, also noch oberhalb des Talbodens, nach links ab. In südlicher Richtung marschiert man unter einem Überhang links entlang und unmittelbar danach scharf links durch ein Felsentor die Stufen in der **Felsengasse** hinauf (grüner Punkt). Diese führt zu einer Bank vor den zwei **Herkulessäulen.**

Am Fuß dieser seltsamen Gebilde, die als Laune der Natur den Gesetzen der Statik zu trotzen scheinen, steigt man durch ein anderes Felsentor wieder nach rechts abwärts, aber nur wenige Schritte. Man darf nicht mit dem gelben Punkt ins Tal hinab, sondern bleibt geradeaus. So kommt man zur Felsengruppe um den Schiefen Turm und erneut in eine Art Felsengasse hinein. Bevor man sie betritt, versäume man nicht, einen Blick auf die Klettergipfel zurückzuwerfen, die von hier aus besonders imposant wirken.

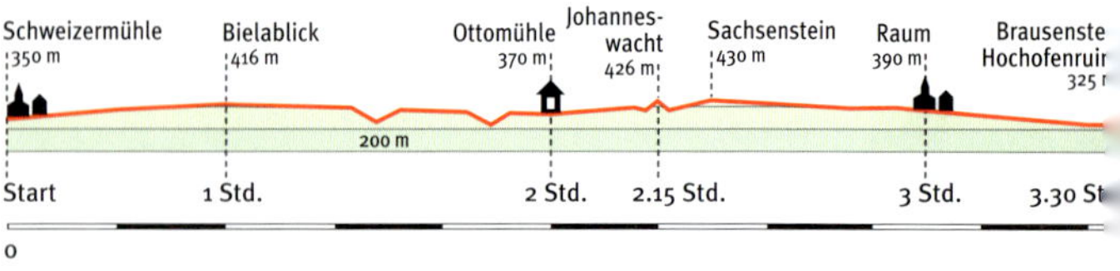

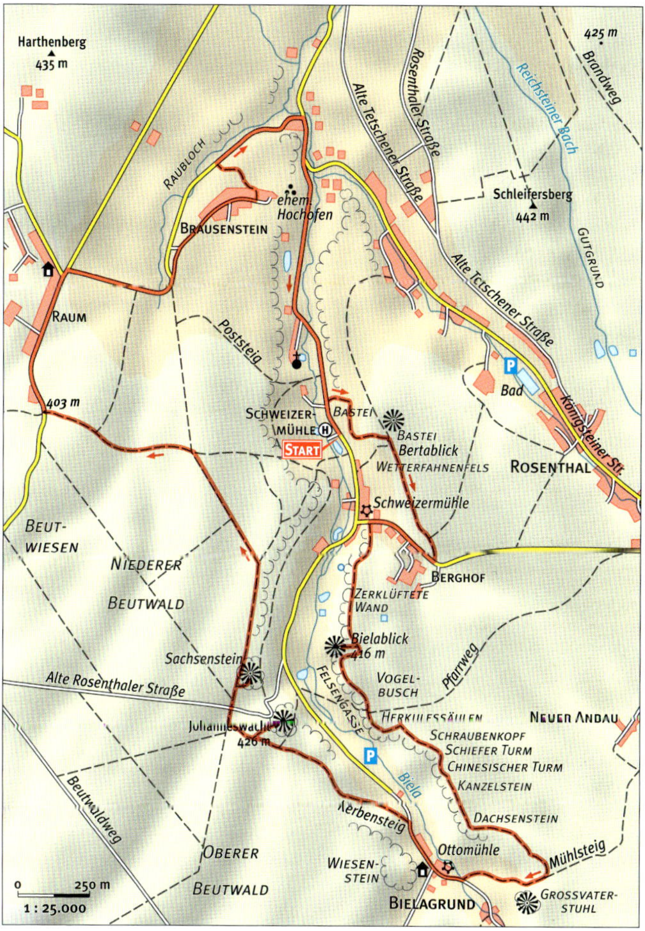

Nach dem Durchgang zwischen Schiefem Turm und Chinesischem Turm führt ein Pfad am Hang wieder links zum oberen Weg hinauf. Ist er erreicht, folgt man ihm nach rechts im Wald, bis man rechts herab muss, auf den Mühlweg stößt und diesen hinabgeht. Von links mündet bald der Mühlsteig ein (grüner Punkt und roter Strich). Weiter geht es nach rechts über die Biela zur **Ottomühle** in der Siedlung **Bielagrund** (2 Std.).

Unsere Route folgt 200 m der Straße bergab, dann dem **Kerbensteig** mit dem grünen Punkt links in den Wald hinauf. Nach 15 Min. kreuzt

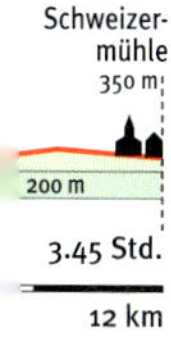

ein Weg mit dem gelben Punkt.

Hier bietet sich ein Gang zur **Johanneswacht** an. Man geht rechts der Markierung gelber Punkt nach, die Stufen zur Aussicht hinauf und später auf demselben Weg wieder zurück. Von der Johanneswacht überblickt man die Felsareale an der Ostseite des Tales, die wir durchwandert haben. Im Norden steht markant die Festung Königstein über dem Bielatal. Die Gipfel unmittelbar neben der Aussicht zeigen wieder erstaunliche Verwitterungsformen mit schiefen Türmen und Köpfen sowie unterhöhlten Platten, die nur noch punktförmige Unterlagen haben und schon schräg am Abgrund hängen.

Mit den Markierungen grüner und gelber Punkt wandern wir vom Wegekreuz abwärts, nach einer Rechtskurve geradeaus über die alte geschotterte Rosenthaler Straße hinweg in Richtung Raum. Nach 100 m gabelt sich der Weg, wir halten uns geradeaus.

Nach weiteren 100 m steigt man rechts steil hinab und dann auf Eisenleitern zur Aussicht auf den **Sachsenstein** hinauf, ebenso wieder zurück. Der Sachsenstein besteht infolge der Kluftspaltung und -auswit-

Die Herkulessäulen im Bielatal bei Schweizermühle

terung aus mehreren eng beieinander stehenden Säulen. In den engen Kaminen sind Leitern montiert. Im Süden sieht man jetzt in ganzer Breite den Hohen Schneeberg und die Grenzplatte, wo die Biela über die Grenze kommt. Im Norden markiert der Königstein ihre Mündung in die Elbe.

Die Route führt geradeaus zum Ortsteil Raum auf dem Forstweg weiter, vorbei an einer langen Waldwiese und an Schuppen der Forstwirtschaft.

Wir bleiben auf dem breiten Weg, der in die Linkskurve geht (grüner Punkt), und erreichen nach 500 m den Waldrand. Überrascht schaut man über eine freie Hochebene nach Nordwesten, über die Elbtalweitung bis zum östlichen Erzgebirge. Vor uns liegt die Siedlung **Raum** (3 Std.). Erst zu Beginn des 19. Jh. siedelten sich hier auf frischer Rodung Häusler an. Der Gasthof an der unteren Straßenkreuzung existierte aber schon im 16. Jh. unter dem Namen ›Wilder Mann‹. Zu den Häusern hinüber, an ihnen nach rechts vorbei wandern wir zur Kreuzung und zum Gasthof. Hier wählt man die Straße rechts Richtung Rosenthal (roter Punkt). Nach einer Linkskurve gabelt sich die Straße und wir gehen rechts in die Siedlung **Brausenstein** hinein. Am letzten Haus rechts müssen wir links zwischen zwei Gartenzäunen hindurch zum Wald und in ihm rechts ins **Raubloch** hinabgehen, wo wir wieder auf die Straße treffen, die uns 3 Min. später zur Bielastraße bringt. Ihr folgt man 4 Min. rechts aufwärts bis zur Gabelung in die Richtungen Rosenthal links und Schweizermühle/Ottomühle rechts (3.30 Std.).

35 m rechts von der Straßengabelung entfernt steht als seltenes technisches Denkmal die rekonstruierte Ruine des **Hochofens Brausenstein**, in dem von 1450 bis 1720 Eisenerz geschmolzen wurde. Längst verschwundene Eisenhämmer haben es weiterverarbeitet, oder es wurde zu Ofenplatten und Kanonenkugeln gegossen. Nach 1 km talaufwärts erreicht man wieder den Ausgangspunkt an der Bushaltestelle **Schweizermühle** (3.45 Std.).

Zur sagenhaften Barbarine

Von Königstein zu den Felsmassiven Quirl, Pfaffenstein und Gohrisch und zurück

Über dem linken Elbufer erheben sich prächtige Felsstöcke, die der Volksmund als ›Steine‹ zusammenfasst. Auf dieser Tour besteigen wir auf drei von ihnen und lassen uns von ihrem zerklüfteten, wildromantischen Charakter und den herrlichen Fernsichten begeistern.

DIE WANDERUNG IN KÜRZE

++ Anspruch

6 Std. Gehzeit

17 km Länge

Charakter: Mittelschwere Tour mit steilen Anstiegen, zum Teil auf Felspfaden und über Stufen- und Leiteranlagen

Wanderkarten: LVermA, TK 25, Nr. 44; R. Böhm, WK 10, Königstein und die Tafelberge

Einkehrmöglichkeiten: In Königstein, auf dem Pfaffenstein, in Gohrisch

Anfahrt: Mit dem PKW: B 172 Pirna–Königstein–Bad Schandau. **Mit der Bahn:** S-Bahn Meißen–Dresden–Pirna–Bad Schandau–Schöna. **Mit dem Bus:** Linie 240 Pirna–Struppen–Königstein; Linie 241 Pirna–Königstein–Bad Schandau–Hinterhermsdorf; Linie 242 Rosenthal/Schweizermühle–Königstein

Die Tour beginnt im Städtchen **Königstein** am Reißigerplatz. Wir gehen die Bielastraße 400 m am Bach aufwärts, rechts an der Postmeilensäule von 1727 vorbei und dann links die steile Cunnersdorfer Straße in Richtung Pfaffendorf hinauf (roter Punkt). Nach 500 m biegen wir vor der Spitzkurve nach rechts in den Kirchleitenweg und in den Wald hinein. Nach weiteren 500 m wechseln wir auf den Dreirutenweg steil links hinauf (roter Punkt). Bei einem alten Forstgrenzstein mit gekreuzten Schwertern rechts am Weg kurz vor dem Waldrand und der Hochfläche wenden wir uns nach rechts und folgen dem roten Punkt auf die Obere Quirlpromenade. 5 Min. später befindet sich über dem Weg in der Felswand die **Diebshöhle** (45 Min.). Mit 230 m^2 ist sie die größte Höhle der

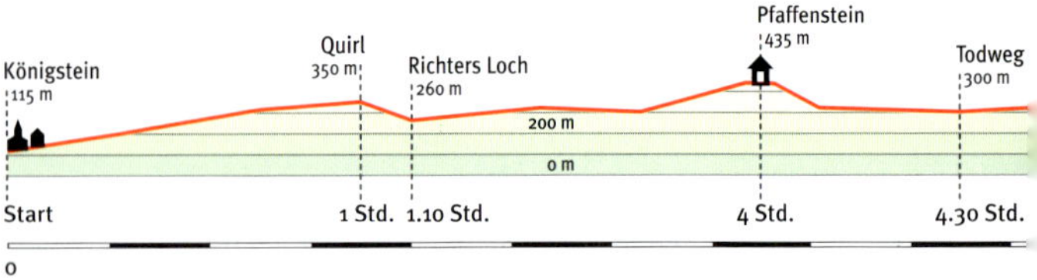

Sächsischen Schweiz. Der steinerne Tisch darin stammt von 1755.

Noch bevor (!) die Obere Quirlpromenade die Nordwestecke des **Quirl** erreicht und am Fuß der Wände weiterläuft, muss man sie (und den roten Punkt) verlassen und ohne Markierung spitzwinkelig nach links die Stufen hinauf zum Plateau steigen. Wir gehen über die Hochfläche bis zur freien Aussicht am Abgrund des Südostecke (1 Std.).

Der Quirl ist ein relativ niedriges Sandsteinmassiv, das aber von allen Steinen der Sächsischen Schweiz die größte und geschlossenste Platte hat. Sie ist 1 km lang, 350 m breit und mit einer eiszeitlichen Lehmschicht bedeckt, auf der bis Mitte des 19. Jh. Felder bebaut wurden. Von hier überblickt man die Hauptpunkte dieser Wanderung: gegenüber der Pfaffenstein, links davon der Gohrisch, hinter dem ein Stück des Papststeins hervorlugt.

Von der Aussicht geht man 250 m zurück, dann links den alten, mit Sandsteinquadern gepflasterten Weg hinab, der nach wieder 250 m auf die Obere Quirlpromenade mit dem roten Punkt mündet. Auf ihr geht es nach links weiter, vorbei an einem in den natürlichen Fels eingemeißelten großen Trog. Danach senkt sich der Weg, erreicht ein erstes Wegedreieck, fällt rechts zu ei-

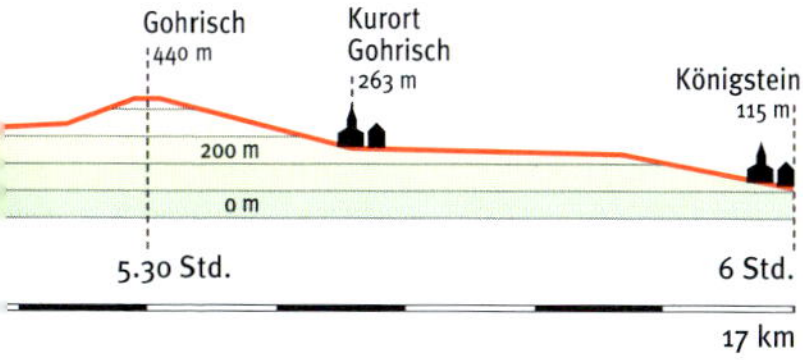

nem zweiten in **Richters Loch** auf den Kirchleitenweg hinab. Nur 100 m geht man auf ihm nach links, verlässt ihn dann nach links auf den Oberen Kohlweg und folgt nun wieder dem roten Punkt. Weiter oben münden grüner Punkt und grüner Strich hinzu. Dreifach markiert geht es links bergan weiter bis zum Wanderwegekreuz am Fuße des **Pfaffensteins.**

Vom Wanderwegekreuz führt die Route am Waldsaum des Pfaffensteins nach links zu seiner nördlichen Schmalseite. Im Tal liegt Pfaffendorf. Bevor der Weg ins Dorf abfällt, biegen wir nach rechts zum Fuße des Steins ab.

Hier beginnt zwischen großen Felsblöcken der **Steile Aufstieg** über Stufen empor (grüner Punkt). Im oberen Teil führt eine kurze Eisenleiter durch ein Felsloch, das bekannte **Nadelöhr,** zum Plateau (4 Std.).

Das Plateau bietet von mehreren Stellen herrliche Aussichten und natürliche Sehenswürdigkeiten. Schon kurz nach dem Aufstieg aus dem Nadelöhr geht es mit der Markierung blauer und gelber Strich zur Fernsicht gegen Norden und über Leitern nach unten zur Goldschmidthöhle. Zurück auf dem Hauptweg folge man dem roten Strich nach rechts zum (Felsen-)Dom, vorbei an der Annenbank und dem Rittersitz zur Aussichtskanzel am Opferkessel. Unter uns liegen tiefe Schluchten.

Wir gehen zum Hauptweg zurück und erreichen das etwas tiefer liegende alte Berghotel von 1891 und den Aussichtsturm. Unbedingt sollte man dem roten Strich um den Aussichtsturm herum zur Barbarine folgen: Am inzwischen verlandeten Schwarzen See unterhalb des Gasthauses vorbei, die Stufen hinauf bis zum Abgrund und vor diesem rechts durch die Hohle Gasse zum Wilden Pfaffenstein. Über den Abgründen der 1838 durch einen Felssturz entstandenen Weißen Wand hat man großartige Aussichten gegen Osten.

Durch eine weitere Schlucht steigt man über eiserne Stufen zur Südspitze hinab. Nach links gelangt man durch einen Felsspalt zur **Barbarine.** Diese imposante, frei stehende Sandsteinsäule von 42 m Höhe ist wohl der bekannteste Einzelfelsen der Sächsischen Schweiz und zu ihrem Wahrzeichen geworden. Eine alte Sage erzählte: Die Jungfer Barbarine eilte, statt zur Heiligen Messe, heimlich zum Förster in den Wald. Der im Zorn ausgesprochene Fluch der Mutter verwandelte beide zu Stein. Unverkennbar grimmig schaut uns der rechts neben dem Jungfernstein stehende Försterkopf an. 1905 eroberten Bergsteiger die Barbarine. Als der Felskopf abzustürzen drohte, wurde er saniert und auch untermauert. 1975 hat man den Gipfel für die Kletterer gesperrt.

Vom Plateau des Pfaffensteins steigt man den **Bequemen Weg** durch die Schlucht links hinab. Sie endet am gewaltigen Jäckelfelsen. Aus der rechten Felsenecke kommt der kühle Klammweg (grüner Strich) herab. Links kann man unter einem gekanteten Felsblock eines Bergsturzes durch den ›Kuhstall‹ gehen, in dem 1813 Bauern ihre Haustiere versteckt hatten. Dann schwenkt der mit Sandstein gepflasterte Weg weiter nach unten. 40 m unterhalb einer Kurve passiert er den hier durchbrochenen **bronzezeitlichen Ringwall** (s. S. 10), der nach links und rechts deutlich erkennbar ist, obwohl ihn Bäume, Sträucher und Gräser längst überwuchert haben.

Kurz unterhalb des Waldes wird erneut die Wanderwegkreuzung an

Fels Barbarine am Pfaffenstein, links der Papststein

der Westseite der Fußhalde erreicht. Mit der Markierung roter Punkt ziehen wir nach links auf einem ebenen und bequemen Weg durch den Mischwald gegen Osten. Nach 1,7 km muss man sich an einem Wegestern halbrechts und leicht bergab halten. Das nächste Wegekreuz nach 5 Min. ist geradeaus zu überqueren. Von links mündet die Markierung grüner Strich. Mit beiden Markierungen zieht man weiter, an der nächsten Gabelung links schwenkend (keineswegs den Hohlweg hinab). Schon 90 m danach erreicht man wieder einen Wegestern. Im Winkel von 90 Grad nach links, dann geradeaus ansteigend, folgt man dem **Todweg** hinauf (roter Punkt; 4.30 Std.), der nach 400 m auf die Gabelung der Autostraße von Pfaffendorf nach Cunnersdorf, Papstdorf bzw. Gohrisch trifft. Man überquert die Straßengabelung, geht am alten steinernen Wegweiser mit der Markierung roter Punkt wieder in den

Wald hinein, muss jedoch nach 200 m zurück auf die Straße und auf ihr 1,1 km bis zum Sattel bzw. **›Galgen‹** zwischen Gohrisch und Papststein hinauf, wo sich eine Bushaltestelle und ein Parkplatz befinden.

Von der Straße wandern wir am Parkplatz links in den Wald hinein, am Specksteinstollen vorbei und steil, teilweise über Leitern zum Gipfelbereich des **Gohrisch.** In einem Spalt des Sandsteinsockels war im Tertiär glutflüssiges Magma aufgestiegen und zu Basalt erstarrt. In dieser geologischen Zerrüttungszone gab es Bergbauversuche mit einem 14 m tiefen Schacht und einem 110 m langen Stollen, bei dem man aber nur auf Speckstein und nicht auf wertvolle Metalle stieß. Der tiefe Trichter oberhalb des Stolleneinganges ist Zeugnis des Basaltsteinbruchs.

Auf dem Gohrisch erlebt man am Pavillon die Ostaussicht zum Papststein hinüber, wendet sich zu den Aussichten gegen Süden, Südwesten und Westen und geht schließlich durch den Schluchtweg im Gipfelbereich zur Nordwestspitze, auf der die Wetterfahne steht. Unterhalb des Waldes liegt der Kurort Gohrisch, unser nächstes Ziel.

Vom Zentrum der kreuzförmig zerklüfteten Gipfelregion steigt man gegen Westen durch die enge, tiefe Falkenschlucht auf einer Leiter hinab und kommt zwischen der Abgetrennten Wand und dem Zwerg – zwei vor der Wand stehenden Gipfeln – auf die Fußhalde des Gohrisch (5.30 Std.).

Hier ist bei den kurz hintereinander folgenden Weggabelungen auf den Kurs zu achten: Nicht links die Stufen hinab, sondern geradeaus gehen wir zur zweiten Gabelung, halten uns hier links ins Tal, an der dritten Gabelung wieder rechts und schon 10 Schritte weiter erneut nach links und dann auf der Talsohle des **Stillen Grundes** immer bergab. Später öffnet sich ein Wiesental, wo der Jagdsteig mit dem gelben Punkt mündet. An einer Gärtnerei kommt man auf die Straße des **Kurortes Gohrisch.**

Bis Mitte des 19. Jh. war er ein kleines Bauerndorf hinterm Wald. 1869 baute Adalbert Hauffe seinen Erbgerichtshof zur Beherbergung von ›Sommerfrischlern‹ aus und nannte ihn ›Annas Hof‹, der noch heute existiert. Er leitete damit die stürmische Entwicklung zum Kurort ein, denn andere folgten seinem Beispiel. Seither haben Pensionen, Fremdenheime, Landhäuser, Landschulheime und Wochenendhäuser das Dorf verändert. Selbst die Wohnstallgebäude alter Dreiseithöfe und Häusleranwesen erhielten Anbauten wie Balkone, Terrassen, Veranden und Läden des Kleinhandels.

Auf der Straße wandert man nach links durch den Ort, vorbei an der Bushaltestelle, dem Parkplatz und ›Annas Hof‹ zu einem Platz mit einer weiteren Bushaltestelle, an dem nach links die Pfaffendorfer, nach rechts die Königsteiner Straße beginnen.

Wir folgen der Pfaffendorfer Straße 200 m leicht bergan und biegen rechts in die Pladerbergstraße ein, auf der wir den Ort verlassen (gelber Strich und Punkt). 200 m nach dem letzten Haus trennen sich an einer Weggabelung die Markierungen. In beiden Richtungen kommt man ans Ziel: nach rechts etwas schneller, nach links schöner. Wir wählen den Weg nach links mit dem gelben Punkt, weil er durch den Wald zur **Schönen Aussicht** führt:

Das Städtchen Königstein, die Festung und der Elbstrom mit seinem Bogen liegen wie ein prächtiges Landschaftsgemälde zu Füßen des Betrachters.

An den Bänken der Schönen Aussicht verlässt man den Rundweg und steigt mit dem grünen Strich nach rechts, danach 50 m nach links hinab, um dann auf der Heidepromenade nach rechts leicht ansteigend weiterzuwandern. Nach 275 m verlässt man sie spitzwinkelig nach links, geht nun auf einem Pfad vorerst durch den Wald, dann zwischen Gärten hinab und überquert die Anliegerstraße Am Heideberg. Noch 270 Stufen sind es bis zum Ausgangspunkt an der Bielastraße in der Stadt **Königstein** (6 Std.).

Geheimnisse des Pfaffensteins

Die aus der Ferne geschlossen wirkende Felskrone des Pfaffensteins ist stark gegliedert und zerklüftet. In Wandnähe sind frei stehende Säulen wie Nordturm, Rauhe Zinne, Barbarine und Förster schon vom Fels gelöst. Eine Lehmauflage lässt Wald wachsen und staut das Regenwasser.

Bereits vor ca. 3000 Jahren war der Pfaffenstein besiedelt. Beim Bau des Gasthauses und auch später fand man steinzeitliche Flachbeile, Schuhleistenkeile, vollständige bronzezeitliche Tongefäße, viele Scherben, Mahl- und Reibsteine, bronzene Armringe und anderes mehr. Da Bestattungsspuren fehlen, nimmt man an, dass es eine Fliehburg war, zu deren Schutz am ›Bequemen Aufstieg‹ ein Wall von 140 m Länge, der heute noch 1,5 m hoch und am Fuß 10 m breit ist, gebaut worden war. Auch in der Neuzeit bot der Pfaffenstein Bewohnern der Umgebung Verstecke in Kriegszeiten, was für 1706 und 1813 überliefert ist. Zuflucht vor der Polizei fand hier oben 1854 der Papiergeldfälscher Goldschmidt, angestiftet und ausgehalten vom Pfaffendorfer Gastwirt. Beide landeten im Zuchthaus.

Ursprünglich in bäuerliche Waldparzellen aufgeteilt, war der Pfaffenstein seit 1895 durch drei Generationen im Besitz der Familie Keiler. 1992 kaufte ihn der Freistaat und erklärte ihn 1997 zum Naturschutzgebiet.

Tour 29

Auf der Festung Königstein

Aus der Stadt Königstein hinauf zur Festung und zurück

Seit Jahrhunderten ist die Festung Königstein in Europa bekannt. Neben ihrer Geschichte, den architektonischen, musealen und waffenkundlichen Attraktionen werden die wechselnden Fernsichten beim Rundgang entlang der Festungsmauer unvergesslich bleiben.

DIE WANDERUNG IN KÜRZE

\+ Anspruch

2.15 Std. Gehzeit

7 km Länge

Charakter: Einfache, sehr kurze Wanderung auf guten Wegen, trotz des Höhenunterschieds zwischen Stadt und Festung. Zur reinen Gehzeit sollte man noch einmal so viel Zeit für Besichtigung der Festung und Genießen der Aussicht hinzurechnen.

Wanderkarten: LVermA, TK 25, Nr. 43; R. Böhm, WK 10, Königstein und die Tafelberge

Einkehrmöglichkeiten: In der Stadt und auf der Festung

Anfahrt: Mit dem PKW: B 172 Pirna–Königstein–Bad Schandau. **Mit der Bahn:** S-Bahn Meißen– Dresden–Pirna–Schöna. **Mit dem Bus:** Linie 240 Pirna–Struppen–Königstein; Linie 241 Pirna–Königstein–Bad Schandau–Hinterhermsdorf; Linie 242 Rosenthal/ Schweizermühle–Königstein

Ausgangspunkt ist im Städtchen **Königstein** der Reißigerplatz (Bushaltestellen) unterhalb des Bahnhofs, an der Brücke der B 172 über die Biela. Man geht 150 m in der Bielastraße am Bach aufwärts, gegenüber der Gaststätte Sachsenhof rechts über die Brücke und nach 100 m links das Fußgängergässchen zur Kirche hinauf. Unmittelbar gegenüber dem Portal der Marienkirche führt eine Treppe zu einem Haus hinauf, an dessen rechter Ecke der **Latzweg** (blauer Strich) beginnt und mit ihm der steile Aufstieg erst durch Gärten, dann durch den Wald. Nach 15 Min. gewinnt man an der ›Palmschenke‹, die heute aber keine öffentliche Gaststätte mehr ist, einen ersten Ausblick auf Pfaffendorf.

Es geht noch ein Stück weiter bergan. An der Weggabelung nach 10

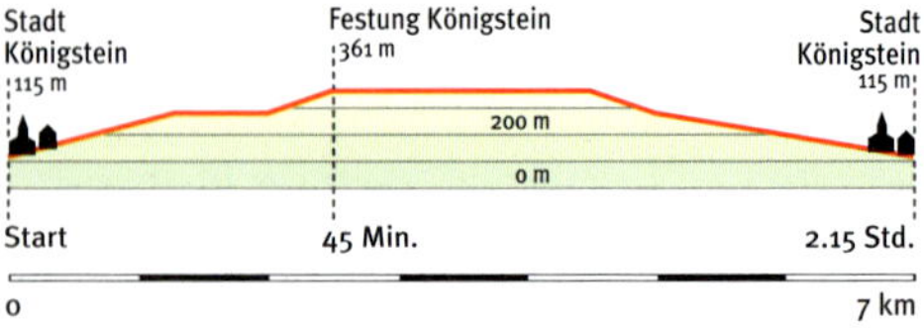

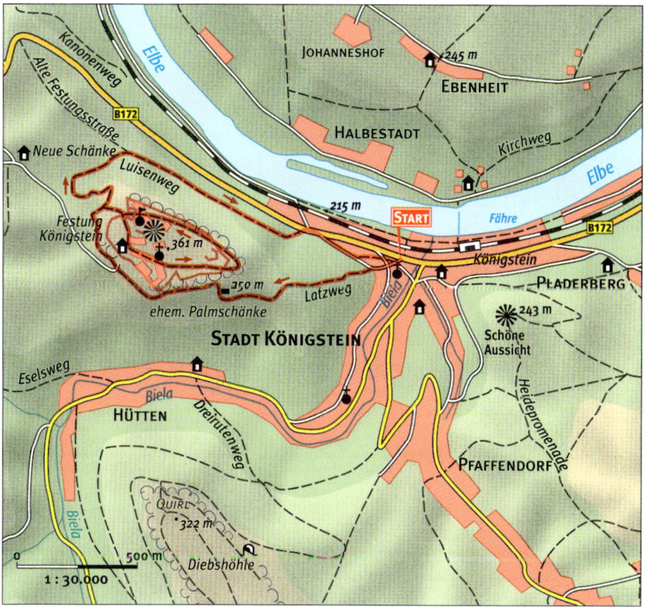

Min. hält man sich rechts an die Markierung blauer Strich und kommt zum so genannten Empfangsgebäude der **Festung Königstein.** Geradeaus erreicht man über die einst aufziehbare **Rote Brücke** (30 Min.), die den Zugang zu den niederen Festungswerken ermöglicht, den 1589 erbauten Haupteingang, das Medusentor in der Grabenschere.

Deutlich hat sich auf diesem Weg gezeigt, dass die Festung einem natürlichen Sandsteinmassiv aufgesetzt wurde. Über dem Zugang erhebt sich eine geschlossene hohe Baufront, die im Laufe der Zeit zusammengewachsen ist. Über der Georgenbastei steht links die Georgen- oder Kaiserburg, die mit dem Krellturm verbunden ist, nach rechts schließen Torhaus und Kommandantenhaus den Komplex ab.

Durch das Hauptportal und über zwei Zugbrücken geht es unter dem Torhaus im festen Gestein den Dunklen und Hellen Gang mit Steinschmeiße, Fallgatter und Pechnase zum **Festungsplateau** hinauf. Man betritt den Marktplatz der Festung und ist ringsum von Gebäuden umgeben. Vorerst gehen wir in Nordwest-Richtung am Kommandantenhaus vorbei zum Horn mit dem Glockenturm (Seigerturm), um einen ersten Blick in die Tiefe und auf das Umland zu werfen, denn erst so kann man die strategische Bedeutung der Festung in der Vergangenheit ermessen. 43 m hoch ist die Mauerkrone über dem Fuß des Steins. Die Höhe zum Elbspiegel beträgt 247 m. Man kehrt zum Marktplatz zurück, besichtigt das Neue Zeughaus, die Magdalenenburg, das Brunnen- und das Schatzhaus. An der 113 m langen Alten Kaserne von 1589 vorbei kommt man dann zur Festungsmauer und beginnt nach

links den Rundgang, wobei sich ringsherum stets neue und großartige Landschaftsbilder auftun. Besonders faszinierend ist der Blick hinab auf das Städtchen an der großen Schleife, die die Elbe um den Lilienstein legt, und zu diesem hinüber. Insgesamt reichen Fernsichten bis in

Blick von der Festung auf die Stadt Königstein

die Dresdner Elbtalweitung, über das östliche Erzgebirge, das Randgebiet der Oberlausitz und das Böhmische Mittelgebirge, die die Sächsische Schweiz in sich einschließen.

Prächtige Kanonen lenken den Blick auf das Alte Zeughaus, in dem sich eine Ausstellung historischer Waffen befindet. Darunter liegen Kasematten, über die man hinwegschreitet.

Nach einer Rechtsausbuchtung der Mauerkrone kommt man an die Südspitze des Königsteins, Zobels Eck genannt, kurz danach zum ersten Wachturm. Das Gelände des Plateauwaldes links wurde früher landwirtschaftlich-gärtnerisch zur Versorgung der Garnison genutzt. Am zweiten Wachturm ist die Pestkasematte in einer 13 m tiefen Felsspalte zu sehen, die auch als »strenges Gefängnis« benutzt wurde. Nach dem dritten Wachturm folgt die scharfe Ostspitze der Festung, die so genannte Königsnase.

Zwischen diesen beiden Türmen stieg 1848 der Schornsteinfeger Sebastian Abratzky heimlich und ohne Hilfsmittel in einem Felsriss auf und erreichte die streng bewachte Festung, die sich ansonsten rühmen kann, in ihrer sächsischen Zeit seit 1408 niemals von einem Feind bezwungen worden zu ein. Neben kurzfristigem Arrest brachte das Abratzky den Ruhm ihres einzigen ›Bezwingers‹ ein. Wo sich dann der Umgang platzartig weitet, stand eine große Eiche, unter der 1925 durch Blitzschlag drei Menschen getötet und 28 verletzt wurden, während der ca. 300 Jahre alte Baum erst 1972 vom Sturm gefällt wurde.

Erneut an einer der prunkvollen Festungskanonen vorbei, gelangt man an die der Mauerkrone aufgesetzte Friedrichsburg, die August der

Starke, Kurfürst von Sachsen und König von Polen, 1731 aus der alten Christiansburg von 1591 im barocken Stil eines Lusthauses für intime Feste erbauen ließ.

Setzt man den Rundgang an der Mauer fort, kommt man im Norden zum Hungerturm, auch Rösschen genannt, und gelangt von hinten her zur Georgenburg, durch die hindurch man über die Georgenbastei und Streichwehr wieder zum Medusentor absteigt.

Zurück geht es zur **Roten Brücke** und unmittelbar nach ihr rechts abwärts. Nach 150 m gabelt sich der Weg. Wir wählen rechts den **Luisenweg** (Alte Festungsstraße, roter Punkt).

Auf ihm kommt man am Hang des Berges hinab zur B 172. Rechts von ihr schreitet man durch die engen Gassen der Stadt **Königstein** zum Reißigerplatz zurück (2.15 Std.).

Die Festung Königstein

Spätestens mit der deutschen Besiedlung von Böhmen aus entstand eine Burg auf dem Felsen an der Mündung der Biela in die Elbe. 1241, als König Wenzel I. in der Burg weilte, wurde diese in der Oberlausitzer Grenzurkunde als Königstein benannt. Auch Karl IV., der mächtige König von Böhmen und Kaiser des Heiligen Römischen Reiches Deutscher Nation, hielt sich Mitte des 14. Jh. hier auf. Burg und Pflege Königstein wurden von böhmischen Burggrafen verwaltet. Ein solcher war Jeschke von Dohna, den der Markgraf Wilhelm I. von Meißen 1402 bekriegte. Nachdem die Burggrafschaft Dohna und die Herrschaft Pirna bezwungen waren, fiel der Königstein 1408 mit dem ganzen linkselbischen Gebiet an Sachsen. 1516 gründete Herzog Georg der Bärtige auf dem Plateau ein Zölestinerkloster, das jedoch bereits 1524, im Zuge der Reformation, von den Mönchen wieder verlassen wurde. Die Burg blieb erhalten. Kurfürst August verschaffte ihr eine wichtige Lebensader, indem er einen 152,47 m tiefen Brunnen graben ließ (1563–69). Sein Sohn Christian I. begann nach 1586 mit ihrem Ausbau zur Festung, der bis ins 19. Jh. fortgesetzt wurde.

August der Starke war der Festung besonders zugetan, feierte in ihr auch rauschende Feste und wollte die nahe gelegenen Steine ebenfalls festungsartig aufrüsten lassen, was jedoch nie geschah. Viele berühmte Männer weilten auf dem Königstein als Besucher, darunter 1698 und 1712 Zar Peter I. und 1813 Kaiser Napoleon. In Kriegs- und Krisenzeiten flohen Herrscher und Hof aus Dresden hierher und nahmen Schätze, Archive und Kunstsammlungen mit.

Die Festung war aber auch zu allen Zeiten Staatsgefängnis für prominente und besonders zu verwahrende Arrestanten. Aus der langen Liste seien nur genannt: der Erfinder des europäischen Porzellans Johann Friedrich Böttger 1706, der Anarchist Michail Bakunin zusammen mit sächsischen Revolutionären 1849, der Arbeiterführer August Bebel 1874. 1870/71 und während der zwei Weltkriege wurden hier kriegsgefangene Offiziere interniert. 1949–55 war die Festung Jugendgefängnis. Dann wurde sie als großes Freilichtmuseum der Öffentlichkeit zugänglich gemacht. Nun wird sie jährlich von Hunderttausenden Touristen gestürmt.

[illegible] Rauenstein

Von der Stadt Wehlen nach Thürmsdorf und über Weißig zurück

Aus dem lieblichen Elbtal wandert man hinaus auf die Ebenheit mit ihren Dörfern, Feldern und Wiesen, steigt aber auch über Gipfel und Grate bewaldeter Felsmassive zu neuen faszinierenden Ausblicken.

DIE WANDERUNG IN KÜRZE

++ Anspruch

4 Std. Gehzeit

14 km Länge

Charakter: Einfach, aber mit An- und Abstiegen am Kleinen Bärenstein und auf dem Gratweg des Rauenstein

Wanderkarte: LVermA, TK 25, Nr. 43

Einkehrmöglichkeiten: Stadt Wehlen, Thürmsdorf, Weißig, auf dem Rauenstein

Anfahrt: Mit dem PKW: Pirna–Mockethal–Dorf Wehlen–Stadt Wehlen; Hohnstein–Rathewalde–Lohmen–Dorf Wehlen–Stadt Wehlen; Sebnitz–Bad Schandau–Königstein–Struppen–Naundorf–Stadt Wehlen. **Mit der Bahn:** S-Bahn Meißen–Dresden–Pirna–Stadt Wehlen–Bad Schandau–Schöna

Die Wanderung beginnt in **Stadt Wehlen.** Befindet man sich am rechten Ufer der Elbe, muss man mit der Fähre zum Stadtteil **Pötzscha** übersetzen. Mit der Markierung roter Strich wendet man sich erst nach rechts, dann die erste Straße links zur Eisenbahnstrecke hinauf. (Kommt man mit dem Zug an, kann man natürlich die Wanderung gleich hier aufnehmen.) Wir überschreiten den Bahnübergang, gehen 30 m auf der anderen Straßenseite nach links und dann vor dem Gasthaus Berghof rechts steil den sandsteingepflasterten Fußweg durch den Wald hinauf (roter Strich). Oben wird die Straße Pötzscha–Naundorf überquert. An den Häusern der Sudetenstraße wandert man geradeaus in die Wiesen hinein. 150 m nach der Autostraße gabelt sich der Weg. Man steigt rechts im **Damengrund** durch Wiesen und Wald zu den Häusern von Naundorf hinauf.

40 m an diesen nach links die Straße entlang, am alten steinernen Wegweiser wieder links zwischen Feld und Wiese hinab, läuft der Weg auf das Tal zwischen den beiden Bärensteinen zu und erreicht den Waldrand. Nach links geht ein Pfad ohne Markierung zum **Großen Bärenstein** hinauf, der mit 327,7 m aber niedriger ist als sein ›kleiner‹ Nachbar, den wir besteigen wollen.

Wir bleiben geradeaus mit dem roten Strich noch 170 m auf dem breiten Weg, verlassen ihn dann nach rechts auf den Pfad, der an der nördlichen Fußhalde des Kleinen Bärensteins geradeaus im Wald und oberhalb einer Wiese entlangzieht und schließlich auf den geschotterten Hermann-Schneider-Weg mündet. Diesem rechts hinauf folgend,

Weißig, Durchfahrt zu einem Vierseithof

gelangt man auf die Autostraße Naundorf–Weißig–Rathen. Von dem kleinen Parkplatz rechts beginnt der Aufstieg zum Kleinen Bärenstein und seiner großartigen Rundumsicht.

Der Aufstieg, vorerst ohne Markierung, läuft bald über Stufen steiler am Fuße einer Felswand entlang, durch ein Felsentor in einen Felskessel mit einer Bank. Diesen verlassen wir nach rechts oben, ab hier mit dem roten Punkt. Erneut über Stufen, erst rechts, dann links erreicht man den Gipfel des **Kleinen Bärenstein** (1 Std.). Die Fundamente sind Reste des einstigen Berggasthofes, der seit 1945 nicht mehr bewirtschaftet wurde und verfiel. Eine Schutzhütte mit Wandererrastplatz steht heute auf dem Platz. Großartig ist die Aussicht nach allen Seiten.

So wie wir heraufgekommen sind, steigen wir wieder bis zu dem Felskessel mit der Bank hinab, verlassen diesen aber nun nach rechts mit dem roten Punkt. Nach starkem Gefälle geht man wieder ein paar Stufen in eine kurze Felsgasse hinauf. An ihrer rechten Wand erinnert eine guss-

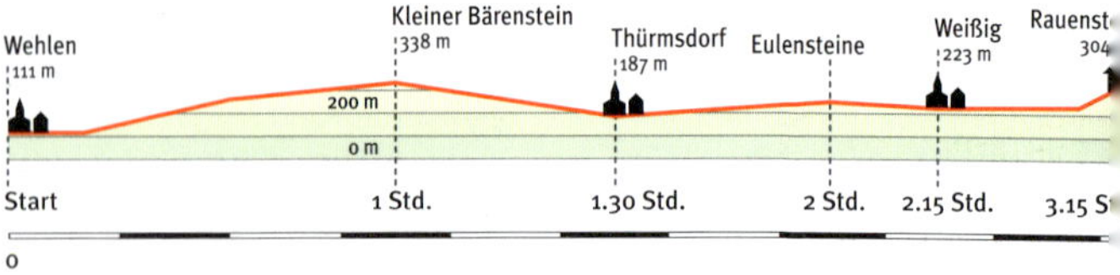

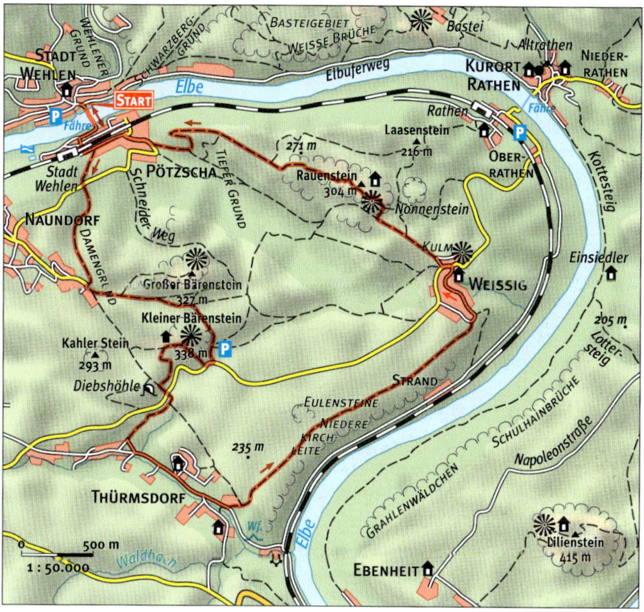

eiserne Tafel an Revierförster Mahn, der um 1870 den Weg für Wanderer anlegen ließ. Am Ausgang der kurzen Felsgasse gabelt sich der Weg. Wir folgen dem linken an eigenartig verwitterten Felswänden abwärts und an der nächsten Gabelung erneut nach links steil in eine Schlucht hinein, dann nach rechts an den Felsen entlang. In einer Felsenecke befindet sich eine Einsturzhöhle, die Diebskeller oder Götzingerhöhle genannt wird. Wir durchschreiten sie und steigen zur Autostraße Weißig–Struppen hinab. Nur 250 m benutzen wir sie nach rechts, um dann nach links auf dem Weg nach **Thürmsdorf** hinabzuwandern.

Am Kriegerdenkmal und einer Bushaltestelle erreicht man die Dorfstraße, auf der wir nach links weiterziehen. Links auf der Talschulter liegt oberhalb der nächsten Bushaltestelle und des Gasthofs Thürmsdorf das ehemalige Rittergut in einem einst berühmten Park mit Rosengarten. Vor uns ragt die Festung Königstein auf. Nach dem Gasthof biegt die Hauptstraße rechts nach Königstein ab. Wir gehen jedoch geradeaus auf der Straße Behneberg weiter und nach 250 m links den Hang in Richtung Weißig und Rauenstein hinauf. An dieser Stelle verlassen wir nicht nur das Dorf am Behnebach, sondern auch den Weg mit der Markierung roter Punkt und wechseln auf den Weg mit dem gelben Strich, dem wir bis nach Stadt Wehlen folgen (1.30 Std.).

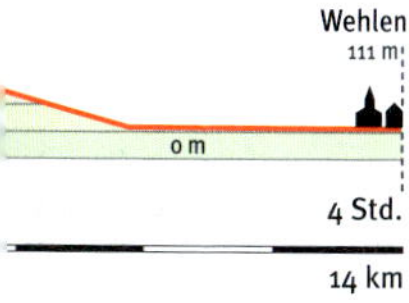

Ein Waldstreifen wird durchschritten und die Ebenheit erreicht. Durch Felder, später am Wald entlang und durch ihn hindurch geht es immer neben einer Hochspannungsleitung bis Weißig weiter. Links erheben sich malerisch die Bärensteine. Rechts unten, aber nicht sichtbar, weil sie durch den Wald verdeckt ist, fällt steil die Niedere Kirchleite ab und zieht die Elbe ihre große Schleife um den Lilienstein. Mitunter dröhnt ein am Ufer passierender Eisenbahnzug herauf. Ein wunderbarer Fernblick gegen Norden und Osten überrascht beim Austritt aus dem Wald. Links im Feld stehen die **Eulensteine** (2 Std.). Es sind vier kleine Sandsteine, niedrige Reste eines einstigen Tafelberges, den die Verwitterung bis auf diese letzten Spuren schon zerstört hat.

Langsam senkt sich der Weg nach **Weißig** hinab, das im Halbkreis um einen Kessel am Ostrand der Hochfläche liegt, die den Bärensteinen und dem Rauenstein vorgelagert ist. Im Norden wird es von einem bewaldeten Sandstein, dem Kulm überragt. Weißig soll bereits vor der deutschen Besiedlung ein kleiner Slawenweiler gewesen sein. Wir betreten es an der Ostseite und durchqueren den Ort nach links. Wieder ansteigend kommt man auf die Autostraße Struppen–Rathen. Man geht nur 40 m auf ihr nach links und verlässt dann das Dorf nach rechts auf dem Fahrweg, der durch Felder und Wiesen zum Rauenstein zieht. Bevor man ihn erreicht, ragt rechts über dem Wald der Felsen Nonne hinaus.

An der Ostkante des **Rauensteins** (2.45 Std.) biegen wir nach rechts in den Wald hinein. Nach 100 m steht man vor dem Lastenaufzug der Gaststätte. Unmittelbar dahinter steigen wir die Stufen hinauf zum Kamm.

Bevor man den Gratweg in Richtung Naundorf und Wehlen einschlägt, empfiehlt sich nach links der Aufstieg zur Berggaststätte, die 1893 erbaut wurde und von deren Terrasse man einen schönen Ausblick hat.

Man kehrt über die Stufen auf den Kammweg zurück und steigt nach links in die Lehmannschlucht hinab. Hoch an der Felswand erinnert eine Tafel an die Erschließung des Rauensteins durch Professor Lehmann und den Gebirgsverein für die Sächsische Schweiz im Jahre 1885. 10 m danach geht es über Eisenstufen wieder aus der Lehmannschlucht hinaus.

Der Kammweg führt windungsreich im leichten Auf und Ab über Felsspalten, durch Schluchten, an Abgründen vorbei, wobei uns Stufen, Brücken und Geländer helfen. Wiederholt öffnen sich durch die Bäume Fernsichten. Rechts blickt man in den tiefen, breiten Bärengrund, der den Rauenstein in seiner Hauptrichtung spaltet. Auch andere Kluftsysteme haben ihn tief zerrissen und eine abenteuerlich anmutende, mit Mischwald bestandene Felsenwelt geschaffen, über die man hinwegwandert. An den Abgründen und auf dem Kamm fallen bizarre Wetterbäume auf. Es sind trockene Kiefern, die über ihr Absterben hinaus der Zeit und dem Wetter trotzen.

Schon im Absteigen begriffen, kommt man an einem stählernen Sendeturm vorbei, dann links, danach rechts schwenkend zu den ersten Häusern von Naundorf. An der Ortsgrenze zwischen Naundorf und **Wehlen-Pötzscha** wird die Straße erreicht, die nach rechts zum Bahnhof und zur Elbe hinabführt (4 Std.)

Abendstimmung im Elbtal bei Bad Schandau

Register

Abbildungsnachweis

Dieter Gutmann, Dresden: S. 1, 8, 15, 22, 30, 34, 38, 48, 56, 62, 66, 69, 76, 80, 86, 89, 94, 114, 118, 124, 126, 128, 149
André Hößler, Berlin: S. 9, 12, 14, 132
Gernot Huber / laif, Köln: Titelbild
Udo Pellmann, Freital: S. 19
Werner Neumeister, München: S. 101, 104
SLUB, Dezernat Dt. Fotothek, Dresden: S. 10 (H. Boswank)
Horst Torke, Pirna: S. 2, 6, 52, 109, 137,142, 146

Der Abdruck des Kartenausschnitts auf S. 139 aus der Karte »Festung Königstein und die Tafelberge, 1: 10000« erfolgte mit freundlicher Genehmigung von Rolf Böhm, Kartographischer Verlag, Bad Schandau

Karten und Höhenprofile: © DuMont Reiseverlag, Köln

Impressum

Titelbild: Vom Großen Zirnstein hat man an klaren Tagen einen Ausblick bis Dresden!

Über den Autor: Hans Brichzin, geboren 1938 in Böhmen, arbeitet als wissenschaftlicher Archivar im Sächsischen Hauptstaatsarchiv zu Dresden. Seit 1994 wohnt er in Sebnitz-Amtshainersdorf an der Grenze des Landschaftsschutzgebietes Sächsische Schweiz, die ihm zur neuen Heimat wurde.

2., aktualisierte Auflage 2003

Graphisches Konzept: Groschwitz, Hamburg

Druck: Rasch, Bramsche
Buchbinderische Verarbeitung: Bramscher Buchbinder Betriebe

ISBN 3-7701-5319-7